DIARIO
EL CORAZÓN DE DAVID

Lidereando Con Vision, Pasion y Sabiduria.

VOLUMEN 2

by David Mayorga

Publicado Por

SHABAR PUBLICATIONS
www.shabarpublications.com

La mayoría de los productos de Shabar Publications están disponibles con descuentos especiales por cantidad para compras al por mayor con fines promocionales, recaudación de fondos y educativos. Para más información, escriba a Shabar Publications a mayorga1126@gmail.com.

Diario El Corazón De David, Volumen 2
Liderando con Visión, Pasión y Sabiduría
por David Mayorga

Publicado por Shabar Publications
3833 N. Taylor Rd.
Palmhurst, Texas 78573
www.shabarpublications.com

Este libro o partes del mismo no pueden reproducirse en ninguna forma, almacenarse en un sistema de recuperación ni transmitirse en ninguna forma por ningún medio (electrónico, mecánico, fotocopia, grabación u otro) sin la autorización previa por escrito del editor, salvo lo dispuesto por la ley de derechos de autor de los Estados Unidos de América.

A menos que se indique lo contrario, todas las citas bíblicas provienen de la Nueva Versión King James de la Biblia. Copyright @ 1979, 1980, 1982 por Thomas Nelson, Inc., editores. Usado con autorización. Copyright @ 2017 por David Mayorga
Todos los derechos reservados

ISBN: 978-1-955433-37-2

Contenido

Capítulo 1: ¡El Tiempo de Su Visitación! 6

Capítulo 2: El Sindrome de Abasai: *Una Leccion Sobre la Formacion del Caracter y El Quebrantamiento.* 8

Capítulo 3: Si No Ahora, ¿Cuándo?
Cómo Superar La Pereza y La Procrastinación 12

Capítulo 4: ¡Quizás Tu Forma de Pensar, Hablar y Actuar Esté Frenando Tu Futuro! 15

Capítulo 5: ¡Mediante La Fe y La Paciencia Heredarás Tu Promesa! 18

Capítulo 6: ¡Tómate el Tiempo Para Escuchar! *Por Qué Escuchar Reducirá Tus Dolores de Cabeza en La Vida.* 20

Capítulo 7: ¡El Poder de la Creatividad: *Por Qué Tu Creatividad Creará Tu Futuro*! 23

Capítulo 8: ¿Cuál Es Tu Filosofia del Fracaso? 26

Capítulo 9: ¡Lo Importante Frente a Lo Urgente! *¿Cual Resistira Las Tormentas de la Vida?* 30

Capítulo 10: El Aprendiz Motivado 33

Capítulo 11: ¡El Fruto Comienza Aqui!
4 Semillas Claves Para Una Cosecha Personal 35

Capítulo 12: ¿Te Sientes Estancado? *¡Supera la Apatía, la Confusion, y Otros Obstáculos Para Tus Sueños!* 38

Capítulo 13: ¡La Trampa del Progreso! 41

Capítulo 14: ¿Qué Es Lo Que Anhela Tu Corazón? 44

Capítulo 15: ¡Es Como Subir Una Escalera! 46

Capítulo 16: ¡Que Siga Ardiendo el Fuego! 49

Capítulo 17: ¡Manifestando Los Tesoros Ocultos del Corazon! 53

Capítulo 18: ¡La Pereza No Es Una Excusa, Es El Resultado De Una Vida Sin Pasión 56

Capítulo 19: ¡Caminando en Verdadera Armonia Con Dios! *La Receta Para La Paz, La Alegria y La Victoria en la Tierra.* *59*

Capítulo 20: ¡No Te Dejes Llevar Por Tus Emociones Tan Rápido! ... 61

Capítulo 21: ¡Abre La Puerta! - Parte 1 64

Capítulo 22: ¡Abre La Puerta! - Parte 2 68

Capítulo 23: ¡Avivamiento En Una Cueva! - Parte 1 70

Capítulo 24: ¡Avivamiento En Una Cueva! - Parte 2 73

Capítulo 25: ¡Vision de La Lámpara Ardiente! 76

Capítulo 26: ¡Por Qué Dios Elige Ponerte a Prueba de Esa Manera! ... 78

Capítulo 27: ¡Quítate del Medio! 80

Capítulo 28: ¿Por Que Caminar Cuando Puedes Volar? 82

Capítulo 29: ¡La Uncion de Bernabe! Conexiones en el Reino 85

Capítulo 30: ¡Desprendidos! - Parte 1 87

Capítulo 31: ¡Desprendidos! - Parte 2 89

Capítulo 32: ¡Cuando Dios Detiene Tu Fiesta! 91

Capítulo 33: ¿Cuál Es La Primera Necesidad de Tu Alma? 94

Capítulo 34: ¡La Maravilla de Un Corazón Abierto! 97

Capítulo 35: ¿Adorarás? 99

Capítulo 36: ¿Estás Retapizando el Titanic? 102

Capítulo 37: ¡Para Morirse! 105

Capítulo 38: ¡Cuando Dios Juega *Las Damas*! 108

Capítulo 39: ¡Ocúpate Primero de Algunas Cosas Sencillas! 110

Capítulo 40: Los Sueños: ¡
La Manera en Que Dios Elude Tu Intelecto! 112

Capítulo 41: ¡Soldados Bajo Mando! - Parte 1 114

Capítulo 42: ¡Soldados Bajo Mando! - Parte 2 117

Capítulo 43: ¡Soldados Bajo Mando! - Parte 3 121

Capítulo 44: ¡Agradecido Por El Camino! 123

Capítulo 45: ¡Desencadenado y Libre Para Ser Transformado! 127

Capítulo 46: ¡Demasiado de Mi! 129

Capítulo 47: ¿Olvidaste Lo Que Pediste en Oración? 132

Capítulo 48: ¡Desiertos! Parte 1 134

Capítulo 49: ¡Desiertos! Parte 2 136

Capítulo 50: ¡Desiertos! Parte 3 138

Capítulo 51: ¡Dueño de Un Corazón Testarudo! 140

Capítulo 52: ¿Estas Listo Para Un Ascenso? 143

Para Mas Libros 146

1

¡El Tiempo de Su Visitación!

«Te arrasarán por completo, a ti y a tus hijos dentro de ti, y no dejarán piedra sobre piedra en tu interior, porque no reconociste el tiempo de tu visitación.» (Lucas 19:44, *Biblia Literal Bereana*)

En mi devocional de hoy, quiero llevarlos al pasado, a los días de Jesús durante su vida terrenal. La mayoría conocemos la historia de cómo Jesucristo fue enviado del cielo por el Padre y cómo ofreció su vida como rescate por todos.

El Señor visitó a su pueblo, pero no todos reconocieron su visita. De hecho, muchos lo odiaban, lo veían como un falso profeta; otros pensaban que estaba poseído por demonios, y así sucesivamente. Aun así, algunos creyeron en él y lo siguieron con todo su corazón.

La imagen que comparto con ustedes ilustra la constante conciencia de la presencia de Dios dentro y alrededor de ustedes. Sin duda, nuestras creencias son los valores que dan forma a nuestras vidas. Además, las decisiones que tomamos, basadas en estas creencias y valores, son las que realmente nos definen y a menudo influyen en nuestras acciones.

La visita de Jesucristo y su venida al mundo no fueron casualidad; su visita realmente abrió una puerta de oportunidad para todo aquel que estuviera dispuesto a verla así. La gente andaba dispersa como ovejas sin pastor. Podemos ser ovejas bajo el cuidado de un pastor, o podemos ser ovejas dispersas sin guía. Esta decisión depende completamente de ti.

A medida que avanzas en la vida, participas en el ministerio o diriges un negocio para Dios, es prudente reconocer la presencia constante de Dios

en tu vida. Cuando el Señor te visita personalmente, es únicamente para guiarte respecto a tu destino en Él. Ignorar este hecho limitaría tu vida y casi todo lo que esperas lograr.

No dejes pasar ni un día más sin reconocer su presencia en tu vida. ¿Cómo se manifiesta una visita de Dios?

- Una visita divina es la sensación de que Dios está reorganizando lo viejo (mentalidades, tradiciones y/o zonas de confort) para dar paso a lo nuevo.

- Una visita divina también trae consigo una sensación de insatisfacción, tanto interna como externa. La razón: Dios ya no quiere que te sientas cómodo en tu estado actual. Quiere que comprendas lo que está haciendo o está a punto de hacer en ti y a través de ti.

- Una visita divina provoca sentimientos de ira. La razón: Dios quiere que reconozcas tu antigua forma de vivir y la compares con su nuevo modelo celestial. El objetivo es alinear tu corazón con el suyo.

Hoy en día, la gente vive vidas vacías y sin sentido. Esto se evidencia en la confusión que nos rodea, incluso a los creyentes. La experiencia diaria de la visitación divina es una excelente oportunidad que puedes empezar a aprovechar. De hecho, ¡no creo que puedas mantener la cordura, la paz y la alegría en este mundo sin experimentar a Dios cada día! Neh'enah.

2

El Síndrome de Abisai:
Una Lección Sobre la Formación del Carácter y El Quebrantamiento.

«Entonces David se levantó y fue al lugar donde Saúl había acampado. Y vio el lugar donde Saúl yacía, y a Abner, hijo de Ner, comandante de su ejército. Saúl yacía dentro del campamento, rodeado de la gente. Entonces David les preguntó a Ahimelec el hitita y a Abisai, hijo de Zeruías, hermano de Joab: "¿Quién bajará conmigo al campamento donde está Saúl?". Abisai respondió: "Yo bajaré contigo"». Así pues, David y Abisai llegaron de noche al pueblo; y allí Saúl yacía durmiendo en el campamento, con su lanza clavada en el suelo a la altura de la cabeza. Abner y el pueblo estaban acostados a su alrededor. Entonces Abisai le dijo a David: «Dios ha entregado hoy a tu enemigo en tus manos. Ahora, pues, te ruego que lo hiera de una vez con la lanza, hasta el suelo, y no tendré que herirlo una segunda vez». Pero David le respondió a Abisai: «No lo mates; pues ¿quién puede extender su mano contra el ungido del Señor y quedar impune?». David añadió: «Tan cierto como que el Señor vive, el Señor lo herirá, o le llegará su día de morir, o saldrá a la batalla y perecerá. ¡Que el Señor me libre de extender mi mano contra el ungido del Señor! Pero, por favor, toma ahora la lanza y el cántaro de agua que están junto a su cabeza, y vámonos». Entonces David tomó la lanza y el cántaro de agua que estaban junto a la cabeza de Saúl, y huyeron. Y nadie lo vio, ni lo supo, ni despertó. Porque todos estaban dormidos, pues un profundo sueño enviado por el Señor había caído sobre ellos. (1 Samuel 26:5-12)

Hoy quiero compartir con ustedes una de las lecciones más profundas sobre el quebrantamiento: una lección que moldea el carácter hasta lo más profundo del espíritu.

Si han estudiado o leído sobre la vida del joven David antes de convertirse en rey de Israel, verán cómo Dios lo ungió desde su juventud y cómo la mano del Señor lo fortaleció en múltiples ocasiones.

David fue profundamente ungido como un verdadero adorador, un valiente guerrero y un rey poderoso. Su espíritu estaba unido a Dios, su alma estaba comprometida a luchar por el nombre de Jehová y su cuerpo demostró la capacidad de liderar con pasión y sabiduría como uno de los reyes más extraordinarios que jamás hayan pisado esta tierra.

Junto con los preciosos dones que Dios concedió a David, la alabanza de sus seguidores resonaba con fuerza en las calles. El rey Saúl era bueno, ¡pero David era grandioso! El pueblo bailaba y cantaba: «**¡Saúl mata a miles, pero David a decenas de miles!**». Esta popular canción llegó a oídos del rey Saúl, quien se sintió muy molesto, celoso y envidioso de David. Esto marcó el comienzo de un nivel de prueba muy diferente para David, y experimentaría el quebrantamiento que Dios había previsto para su ascenso.

Los eruditos afirman que el rey Saúl intentó matar a David más de veintitrés veces.

En una ocasión, mientras David huía para salvar su vida del rey Saúl, descubrió que este y su ejército dormían en un campamento cercano. David pidió a algunos de sus hombres que lo acompañaran para averiguar dónde acampaba Saúl. Abisai decidió unirse a David y evaluar la situación. Para su sorpresa, encontraron al rey Saúl dormido, junto con su comandante Abner, y una espada clavada en el suelo junto a la cabeza de Saúl.

Al ver esto, Abisai aprovechó la oportunidad y le dijo a David: «**Dios ha entregado a tu enemigo en tus manos hoy. Ahora, por favor, déjame herirlo de una vez con la lanza, hasta el suelo; ¡y no tendré que herirlo**

una segunda vez!». Abisai respondió impulsivamente, pero nunca consultó al Señor ni se planteó qué pretendía Dios al poner a prueba el carácter de David.

David, un hombre de oración y devoto a Dios, reaccionó de manera diferente. Escuchen lo que David siente en su corazón al responder a Abisai: **«David le dijo a Abisai: "No lo mates, pues ¿quién puede extender su mano contra el ungido del Señor y quedar impune?". David añadió: "¡Tan cierto como que el Señor vive, el Señor lo castigará, o le llegará su día de muerte, o saldrá a la batalla y perecerá! ¡Que el Señor me libre de extender mi mano contra el ungido del Señor!"»**.

David se enfrentó a una difícil decisión. Podría haber actuado en base a los veintitrés intentos de asesinato de Saúl y justificar la venganza. Podría haber dicho: «¡Dios permitió que esto sucediera para que yo pudiera acabar con el sufrimiento de este rey malvado!». Podría haber matado fácilmente al rey anciano y usurpado el trono, pues David no temía usar su espada. Pero David no eligió ninguna de las dos opciones: no hizo caso a su dolor, a sus emociones ni a su compañero Abisai; solo escuchó a su conciencia, que era la conciencia de Dios.

Abisai le pareció a David una gran oportunidad para vengarse del hombre que quería matarlo. Abisai era un hombre de espíritu inquebrantable. Vio la oportunidad de ascender socialmente. David, en cambio, la vio como una oportunidad para crecer en su fe.

Abisai vio la espada en el suelo junto a la cabeza de Saúl, notó el profundo sueño en el que estaban y pensó: «¡Esta es tu oportunidad, David! ¡Dios te ha dado la posibilidad de matar a este hombre! ¡Por Dios, David, déjame cortarle la cabeza!». **David respondió: «No. Dios se encargará de él después»**.

Ahora, fíjense en este versículo al final de la historia: **«Porque todos es**

taban dormidos, pues un profundo sueño enviado por el Señor había caído sobre ellos». ¿Se dan cuenta de la trampa? Dios dispuso toda esta situación para ver cómo David aprovecharía la oportunidad.

Fue Dios quien hizo caer un profundo sueño sobre Saúl y su ejército para poder ver dónde estaba realmente el corazón de David.

Amigos míos, tengan esto presente en sus vidas. El liderazgo no se trata de que las oportunidades simplemente aparezcan, ¡sino del propósito de Dios! No se trata de lo que deseamos o anhelamos, sino de sentir la guía de nuestro Padre Celestial. No se trata de lo que yo quiero ni cuándo lo quiero, sino de obedecer el plan de Dios grabado en nuestros corazones. Neh'enah.

3

Si No Es Ahora, ¿Cuándo? -
Cómo Superar La Pereza y La Procrastinación

Durante mi tiempo de meditación, reflexioné sobre un pasaje de las Escrituras que me conmovió profundamente. Permítanme compartir algunos de los principios que descubrí y que quizás también impacten sus vidas. Esto es lo que dice el Proverbio del Rey Salomón: «**Pasé junto al campo del perezoso y junto a la viña del insensato. Espinos habían crecido por doquier, la tierra estaba cubierta de maleza y los muros de piedra se habían derrumbado. Reflexioné sobre lo que vi y aprendí esta lección: Si duermes un poco, si echas una siesta, si cruzas los brazos y te acuestas a descansar, pronto serás tan pobre como si te hubieran robado; tendrás tan poco como si te hubieran asaltado**». (Proverbios 24:30-34)

Sin ánimo de ofender a nadie, los invito a que examinen con sinceridad su propia vida y evalúen su situación actual. ¿Ha habido ocasiones en las que algo pendiente quedó sin terminar? ¿Alguna vez planearon comenzar un proyecto, pero nunca lo hicieron? Quizás comenzaste el proyecto y avanzaste un poco, pero nunca lo terminaste. ¿Eres de los que empiezan rápido, pero les cuesta terminar? ¿Tienes muchas tareas pendientes en tu lista de "cosas por hacer"? Si es así, ¡recuerda que no estás solo! Todos hemos pasado por esto alguna vez, y debo decir que más de una vez.

¿Cómo se llega a la desgracia, la ruina y la sensación de haber sido estafado por la vida? Hay una razón para que esto suceda. Nada de esto ocurre por casualidad, por un mal día o por mala suerte.

La mayoría de las desgracias de la vida provienen de hábitos que nos desvían del camino correcto. Si alguien adopta principios que promuevan el éxito, disfrutará de una vida próspera y un futuro feliz; en cambio, si practica la pereza y la procrastinación durante toda su vida y descuida los esfuerzos necesarios para el éxito, terminará en la pobreza.

La filosofía personal que desarrolles para superar la pereza y la procrastinación influirá enormemente en tu vida. Permíteme exponer algunas ideas filosóficas poderosas que pueden ayudarnos a vencer la pereza y la procrastinación.

1. ¡Nunca priorices lo urgente sobre lo importante! Una vez que hayas escrito tus objetivos y comenzado tu proyecto, no te desvíes de él. Seguro que surgirán imprevistos, pero no te centres en ellos. ¡Céntrate en los puntos importantes de tu lista y sigue adelante!

2. ¡Aprovecha el momento! Cuando se te ocurra una idea, ¡actúa de inmediato! No lo demores ni un día más. El momento perfecto para empezar es cuando te llega la visión o el deseo. La clave es hacerlo cuando la pasión de la inspiración está viva. Procrastinar solo dificulta la consecución del objetivo y, al final, la pasión se desvanece junto con el sueño. ¡Debería haberlo hecho, podría haberlo hecho, pero no lo hice!

3. ¡La procrastinación sale cara! Si no abordas el problema mientras aún es manejable, podría acabar siendo muy costoso. Ignorar algo que está roto, sabiendo que lo está, puede hacer que sea imposible repararlo. No esperes ni un día más. Por ejemplo, imagina un techo con goteras. Si no lo arreglas, cada lluvia causará más daños por óxido y corrosión. Con el tiempo, este mal hábito podría provocar el derrumbe del techo. Eso te saldrá caro y lamentarás no haber actuado antes.

Es evidente que el Proverbio resalta las recompensas y las consecuencias de la pereza. Toda decadencia comienza con la negligencia. No se requiere un acto grave de descuido. Todo empieza con un poco. Un poco aquí, un poco allá, y al final, la pobreza llegará.

Recuerda estas palabras: «**Duermes un poco; echas una siesta. Cruzas los brazos y te acuestas a descansar. Pronto serás tan pobre como si te hubieran robado; tendrás tan poco como si te hubieran asaltado**».

¡Oro para que todo esto te beneficie de alguna manera, por pequeña o grande que sea! ¡Ten siempre presente esta enseñanza! Neh'enah.

4

¡Quizás Tu Forma de Pensar, Hablar y Actuar Esté Frenando Tu Futuro!

"Porque cual es su pensamiento en su corazón, tal es él." (Proverbios 23: 7a)

Mientras estaba sentado en una cafetería una hermosa mañana de la semana pasada, un comentario me llamó la atención: *«¡Querer es poder!»*. ¿Lo habías oído antes? No era la primera vez, pero sí la primera vez que me lo cuestioné. ¿Es cierto? ¿De verdad funciona? ¿Por qué alguien diría algo así? ¿Qué pasa con quienes tienen una gran voluntad de lograr algo pero no lo consiguen? Todas estas ideas me rondaban la cabeza y llegué a la conclusión: *«¡Querer es poder!»*. Cierto, pero solo en parte.

Permíteme compartirte algunas reflexiones de mi camino hacia la excelencia. Cuanto más vivo, más me doy cuenta de que la visión es mucho más poderosa que la fuerza de voluntad. La visión puede guiarme hacia mis metas de maneras que la fuerza de voluntad humana por sí sola no puede. Ya lo intenté antes; me ayudó a empezar, pero no tuvo la fuerza suficiente para llevarme hasta el final.

Mientras ve la televisión, notará anuncios constantes de máquinas de ejercicio, productos milagro para la salud y otros productos similares. Estos anuncios suelen presentar testimonios de personas que afirman lo eficaces y beneficiosos que les han resultado estos productos. Tienden a exagerar, afirmando que el uso de una máquina en particular o el consumo de suplementos dietéticos les ha brindado resultados extraordinarios.

Mucha gente cae en esta trampa y busca la máquina más novedosa del mercado o un suplemento dietético. Tras semanas de usarla, se cansan de los resultados mínimos y terminan por abandonar. ¿Cómo lo sé? Me ha pasado con mucha gente que conozco, incluyéndome a mí. ¿Qué falló? ¿Falta de esfuerzo? ¿Falta de fuerza de voluntad? Todas estas preguntas nos rondan la cabeza mientras intentamos comprender por qué no podemos bajar de peso.

Esto es lo que aprendí tras bajar 6 kilos recientemente. Me di cuenta de que, para tener éxito en cualquier cosa, hay que tener una visión clara. Bajar de peso no es diferente. Emprender un negocio tampoco. Comenzar un nuevo proyecto tampoco. Hay que ver lo puro, lo bueno, lo grandioso y lo bello. ¡Visualiza el resultado final antes de dar el primer paso! La proyección positiva es esencial para que cualquier cosa se manifieste.

Con demasiada frecuencia, oímos a la gente decir en broma: «Espero que esto funcione». Otros dicen: «No estoy seguro de hacer esto, pero espero poder bajar todo este peso». Amigos, con este tipo de lenguaje se han condenado al fracaso. Sus comentarios revelan una falta de visión. ¡Esta forma de hablar no los llevará a ninguna parte!

¡Deben visualizar en qué se quieren convertir! ¡Necesitan visualizar constantemente lo que quieren lograr! Si no lo hacen, no alcanzarán su meta y su visión jamás se hará realidad.

La clave del éxito en cualquier proyecto es proyectar optimismo. Deben visualizar constantemente su destino para asegurar que su visión perdure. Mantengan siempre presente el objetivo final. Por ejemplo, podrían revisar su programa de ejercicios y darse cuenta de que, después de un mes entero de entrenamiento intenso, solo han bajado un kilo. ¡Esto puede ser desalentador!

Ten presente quién quieres ser dentro de doce meses. En los negocios, si tus ventas disminuyen en el primer trimestre, revisa el producto final y deja que te guíe, inspirándote para mejorar tus estrategias y técnicas si quieres mantenerte competitivo en tu mercado.

¡Con una actitud positiva, todo es posible! Sin ella, el fracaso es inevitable. Recuerda, antes de empezar, analiza bien el producto final y luego continúa con una actitud positiva hasta cruzar la meta. Alguien dijo: «*Si puedes verlo, puedes hacerlo*». Yo lo creo. Neh'enah.

5

¡Mediante La Fe y La Paciencia Heredarás Tu Promesa!

«Mejor es el fin de algo que su principio; mejor es el paciente de espíritu que el orgulloso de espíritu.» (Eclesiastés 7:8, Biblia Amplificada)

Aquí les comparto una reflexión interesante que encontré en los escritos del rey Salomón, específicamente en el libro de Eclesiastés.

Algo que he aprendido al disfrutar de la creación y desear resultados efectivos es que es mucho mejor ver el fin de un esfuerzo que ver su comienzo.

He experimentado la emoción de lanzar un nuevo proyecto y contagiar a quienes me rodean con el entusiasmo que ofrece. Es una verdadera euforia.

Pero, a pesar de todo esto, también he experimentado la realidad de quedarme a medio camino en un proyecto, lo cual, a su vez, causó mucha decepción y desánimo tanto para mí como para quienes me rodeaban.

Al reflexionar sobre lo que Salomón dijo en este versículo, le pregunté al Señor por qué es mejor experimentar el final desde el principio, ¡si el principio es tan emocionante y está lleno de emociones positivas y promesas! Esto es lo que el Señor me dijo: «David, lee la segunda parte de este versículo. Léelo con un espíritu contrito, y escucharás lo que siento. La segunda parte dice así: "**. . . y mejor es el paciente de espíritu que el orgulloso de espíritu**"».

El Espíritu Santo me mostró el corazón de Dios a través de mis muchos esfuerzos. Ser paciente de espíritu es precisamente lo que el Señor intenta enseñar a todo aquel que aspira a lograr algo en la vida.

El orgulloso de espíritu es alguien que comete errores constantemente porque es muy emocional; escucha a sus impulsos, se deja guiar por ellos y, como resultado, es traicionado por ellos, en ese orden.

La persona que practica la paciencia de espíritu es aquella que comienza con el fin en mente. Está dispuesta a pagar el precio para visualizar el futuro. Es muy espiritual y mantiene la estabilidad emocional. Por estabilidad emocional, me refiero a que las emociones de Dios lo gobiernan primero, y luego todo fluye a partir de esa estabilidad. No al revés.

Los orgullosos suelen caer en diversas necedades. Carecen de la estabilidad emocional divina.

Aquí está la clave de todo éxito: la estabilidad espiritual y emocional que se alinea con el corazón de Dios.

Con todo tu ser, estudia y aprende este importante secreto. Neh'enah.

6

¡Tómate el Tiempo Para Escuchar!
Por Qué Escuchar Reducirá Tus Dolores de Cabeza en La Vida.

Durante mi *"Tiempo de Silencio"* —un momento personal de adoración y meditación bíblica— descubrí uno de los versículos más impactantes de Proverbios que revela el "misterio" de por qué las personas no sobresalen, no cambian, no alcanzan su máximo potencial ni mejoran su situación financiera. Permíteme unos minutos de tu valioso tiempo y tú también tendrás la oportunidad de comenzar a vivir una vida plena basada en la Palabra de Dios.

En Proverbios 1:20-21, se dice: **"La sabiduría clama en la calle, alza su voz en las plazas; clama en las confluencias bulliciosas [en los lugares de reunión principales]; a la entrada de las puertas de la ciudad, habla"**.

¿Qué significa todo esto? Si no estás familiarizado con las Sagradas Escrituras, permíteme ofrecerte algunas reflexiones desde mi perspectiva.

Antes de comenzar, quizás te preguntes: *"¿Qué es la sabiduría?"*. *La sabiduría es la cualidad o el estado de ser sabio; el conocimiento de lo que es verdadero o correcto, combinado con un juicio acertado para la acción; sagacidad, discernimiento o perspicacia.*

El pasaje bíblico anterior afirma que la sabiduría clama en las calles, alzando su voz en los mercados. En este pasaje, la sabiduría está personificada (como si una persona real estuviera clamando). ¡La sabiduría clama para que alguien la escuche! En resumen, la sabiduría clama para ser oída, ¡y no la escuchamos!

Ahora, presta atención a dónde clama la sabiduría: llama desde las calles por donde transita la gente; clama en los mercados, donde la gente está ocupada comprando y vendiendo. Nada dificulta más escuchar la sabiduría que estar demasiado ocupado para hacerlo.

Reflexiona un momento sobre esto: la sabiduría grita con fuerza para que se oiga, pero los transeúntes no la perciben; no le prestan atención. ¿Por qué? Es evidente que la gente está demasiado ocupada con sus vidas, preocupaciones y planes futuros como para detenerse a escuchar la sabiduría. ¿Parece repetitivo? ¡Lo es!

Mis queridos amigos, la sabiduría no es solo una colección de frases bien escritas con un tono poético. La sabiduría es como llaves que abren puertas, y esas puertas representan las muchas oportunidades que encontrarás en tu vida.

Con demasiada frecuencia, perdemos oportunidades en la vida simplemente porque no sabemos adónde ir ni qué hacer. La falta de sabiduría nos deja a la deriva, deseando que las cosas fueran diferentes. Es esta ausencia de sabiduría la que ha arruinado muchas vidas, matrimonios, negocios, ministerios, iglesias, carreras y mucho más.

No sé ustedes, pero el tiempo es valioso. Necesitamos seguir avanzando y aprender todo lo que podamos sobre la vida; ¡debemos dedicarnos a adquirir sabiduría y aplicarla en nuestra vida! Alguien dijo: «*¡No seas un seguidor; sé un aprendiz!*». Estoy totalmente de acuerdo.

La gente suele pensar que estar ocupado significa que está progresando, ¡pero no siempre es así! El ajetreo puede esconder una trampa. Si no nos tomamos el tiempo para escuchar la sabiduría, seguiremos dando vueltas en círculos hasta agotarnos, ¡sin nada que mostrar! Creo que la sabiduría puede salvarnos de perseguir quimeras.

Si logramos reducir nuestro ritmo de vida, aunque sea lo suficiente como para escuchar el clamor de la sabiduría y aprender lo que necesitamos saber, creo sinceramente que descubriremos una vida más equilibrada, que la hará más satisfactoria y plena.

Ignorar la sabiduría suele llevar al agotamiento. Todos avanzamos en una dirección; quienes alcanzan sus metas son quienes saben adónde van. No permitas que el ruido ahogue la voz de la sabiduría en tu vida.

¡Necesitarás sabiduría para abrirte puertas en el futuro! Con todo lo que adquieras, ¡adquiere sabiduría! Que tengas un día maravilloso y disfruta de esta lectura. Neh'enah.

7

El Poder de La Creatividad:
¡Por Qué Tu Creatividad Creará Tu Futuro!

«Ahora bien, Bezalel, Oholiab y todo aquel que el Señor ha capacitado y entendido para realizar toda la obra de la construcción del santuario, la llevarán a cabo conforme a todo lo que el Señor ha mandado.» (Éxodo 36:1)

Una característica fundamental de un buen líder es la creatividad, en lugar de simplemente copiar las ideas de otros.

El Creador mismo nos ha dado mucho. Ignorar la creatividad que Dios nos ha brindado en abundancia nos perjudicaría a nosotros mismos y a nuestro futuro.

No se me ocurre nada que pueda empañar más una vida maravillosa y llena de oportunidades que ignorar o desestimar el don de la creatividad que reside en nosotros.

Entonces, ¿qué es exactamente la creatividad o qué significa ser creativo? Para empezar, cabe mencionar que la raíz de la palabra "crear" es la base de la creatividad. El diccionario Merriam-Webster define "crear" como:

1. Hacer o producir (algo): dar existencia a (algo nuevo).

2. Generar (una situación particular).

3. Producir (algo nuevo, como una obra de arte) utilizando el talento y la imaginación.

Basándonos en esta definición del diccionario *Merriam-Webster*, podemos decir que crear es dar existencia a algo mediante el uso de nuestro talento e imaginación.

¿Por qué la creatividad es una fuerza tan poderosa dentro de nosotros? Creo que es porque la creatividad nos brinda la oportunidad de construir un futuro mejor, lleno de bondad y bendiciones, tanto en nosotros mismos como a través de nosotros, para el beneficio de los demás.

Al crear, el único límite real es nuestra mentalidad. ¡Todo lo que imagines puede hacerse realidad! Una vez que lo visualizas y lo crees, es prácticamente un hecho. Si crees que puedes, puedes. Si crees que no puedes, no podrás.

Consideremos las ventajas de ser una persona creativa. Primero, la creatividad te libera de la presión de la competencia. Algunos viven para crear, mientras que otros viven para imitar. No hay nada de malo en copiar, pero ¿por qué hacerlo cuando puedes usar tu creatividad para forjar tu propio futuro?

Algo poderoso sucede al crear. Existe una profunda satisfacción al inventar, crear o descubrir algo nuevo. ¡Sientes una explosión interna de alegría! ¿Por qué esta explosión? ¡Porque, en tu esencia, naciste para crear!

Por otro lado, al competir contra otros o intentar imitar el éxito ajeno, podrías acabar cruzando límites: haciendo trampas, negociando, manipulando, jugando con la mente de los demás, aprovechándote de la situación, etc., todo con tal de salirte con la tuya. ¿Para qué imitar si puedes crear?

Recuerda, cuando creamos usando la imaginación que Dios nos ha dado, actuamos según nuestro propio instinto. Nuestras creaciones aportarán valor al mundo. Con el tiempo, la gente reconocerá lo que hacemos; esta atracción los acercará a nosotros, ayudándonos a tener éxito en nuestros propios esfuerzos creativos. ¡Toda la gloria a Jesús, el Rey, ¡por esto!

Además, cuando creamos, si nuestros corazones son puros, nuestros proyectos también lo serán. Expresiones genuinas de amor, alegría y paz reflejarán quiénes somos y qué hacemos.

Creo que es tu momento de crear. Tu creatividad te guiará, ¡y quizás nunca más tengas que trabajar! Tu creatividad te llevará a la abundancia. Recuerda, si usas lo que Dios te ha dado para crear, construirás un futuro, no solo para ti, sino también para los demás. Neh'enah.

8

¿Cuál Es Tu Filosofía del Fracaso?

«Los pasos del hombre [bueno] son dirigidos y afirmados por el Señor cuando se complace en su camino [y se ocupa de cada uno de sus pasos]. Aunque caiga, no quedará postrado, porque el Señor lo sostiene de la mano.» (Salmo 37:23, 24)

Hoy quiero hablar sobre un tema que pocos abordan o del que no se atreven a hablar. Creo que este tema debería discutirse, estudiarse e incluso enseñarse con más frecuencia. Permítanme hablarles sobre el fracaso.

¿Qué es el fracaso? ¿Por qué algunas personas se sienten devastadas por él? ¿Por qué otras se fortalecen gracias a él?

Merriam-Webster define el fracaso como *«falta de éxito o no alcanzar las metas»*. Es evidente que la palabra tiene una connotación negativa e implica declive, a menos que nuestra perspectiva sea diferente o positiva.

Permítanme recalcar que el fracaso puede ser la mejor herramienta para nuestro crecimiento personal, o puede ser el obstáculo que nos haga tropezar y nos saque de la carrera. La forma en que afrontamos el fracaso determina hasta dónde llegaremos. Lo veremos como algo devastador o como una oportunidad de aprendizaje; la decisión es solo nuestra.

El fracaso puede tener muchos efectos negativos y puede provocar desánimo, frustración, indecisión o parálisis.

He vivido lo suficiente para presenciar sus efectos negativos, y la verdad es que no es nada agradable.

Al principio, el fracaso nos golpea e inmediatamente comenzamos a introspeccionar. Buscamos internamente las razones por las que las cosas no salieron bien o dónde fallamos; luego la situación empeora: empezamos a juzgarnos como incompetentes e incapaces de realizar la tarea. Sufrimos un duro golpe emocional y nos desanimamos. Quizás tú nunca lo hayas hecho, pero yo sí (aunque no te voy a decir cuántas veces).

Una vez que nos desanimamos, empezamos a sentirnos mal con nosotros mismos. Comparamos nuestro éxito con el de otros en el mismo campo y nos preguntamos por qué no lo logramos. Pero la cosa no termina ahí.

Después de sentirnos mal, empezamos a pensar que tal vez este no sea el trabajo adecuado. "Tal vez no sea el momento adecuado, o debería intentar otra cosa". "Tal vez debería buscar algo más alcanzable", en resumen, algo donde no vaya a fracasar. Entonces, empezamos a alejarnos de nuestra vocación. Seguro que has estado en esta situación.

Creo que el golpe más duro llega cuando decidimos no levantarnos y volver a intentarlo. Nos sentimos tan abatidos que queremos rendirnos. Rendirse siempre es una opción, ¡pero no es buena! Cuando nos invaden las ganas de rendirnos, entramos en una fase paralizante. ¡Cuidado!

Recuerda siempre: Solo puedes rendirte cuando estás en tu mejor momento.

El fracaso es una herramienta de purificación. Es una prueba de fuego que distingue a los hombres de los niños y a las mujeres de las niñas. El fracaso es inevitable si aspiras al éxito. Serás puesto a prueba por sus llamas.

Sigamos adelante y veamos el fracaso como una valiosa experiencia de aprendizaje.

El fracaso puede ser lo que 1) te libera, 2) te empodera, 3) te prepara y 4) te impulsa con renovada pasión y propósito.

Cuando ocurre el fracaso, debemos rápidamente —y repito, rápidamente— pasar al modo de aprendizaje. Esto debe suceder inmediatamente después de darnos cuenta de que hemos fracasado.

Puede que algunos piensen que estás loco, otros te critiquen, pero si adoptas una mentalidad de aprendizaje antes de que las críticas (incluidas las tuyas) te afecten, pronto lo superarás.

A veces, el fracaso puede liberarte. Te permite explorar nuevas posibilidades. En ocasiones, el proceso de eliminación funciona de maravilla. Puedes probar esto y aquello, y si no funciona, ¡sigue intentándolo hasta encontrar lo que buscas! El fracaso en un área puede abrirte las puertas a otra oportunidad.

Cuando finalmente te liberas del fracaso, entras en una etapa de empoderamiento. Sentirás que has aprendido valiosas lecciones que nadie más podría haberte enseñado. Profundizarás y enriquecerás tu crecimiento personal. ¡Increíble!

Adoptar una mentalidad de aprendizaje después del fracaso te motivará a seguir intentándolo y aprendiendo. Descubrirás diferentes maneras de hacer las cosas, a menudo, cómo no hacerlas. ¡Te convertirás en mentor de muchos! Pronto, estarás en camino a la maestría.

Tras superar la actitud derrotista ante el fracaso, estarás listo para intentarlo de nuevo y perseguir nuevos proyectos y sueños. Comenzarás a construir un futuro extraordinario para ti y para los demás. ¿Acaso el fracaso no es un buen maestro? Aunque las lecciones pueden ser costosas, ¡te graduarás con honores de la escuela del fracaso!

¿Qué se gana con el aprendizaje del fracaso? Se gana educación, carácter, experiencia y una mayor apreciación por la vida.

Para concluir, te reto a que te adentres en lo desconocido. ¿Y si las cosas no salen como esperabas? ¡Inténtalo de nuevo! Nunca lo sabrás si no lo intentas. Lo único que sé es que, si conviertes el fracaso en una herramienta de aprendizaje, ¡nunca perderás de verdad! Neh'enah.

9

¡Lo Importante Frente a Lo Urgente!
¿Cuál Resistirá las Tormentas de la Vida?

Hoy quiero compartir con ustedes las distintas mentalidades y filosofías que explican por qué a algunas personas les resulta tan difícil desarrollar su carácter y fracasan repetidamente en su intento de impactar e influir en los demás.

Sé que hay muchos factores clave que influyen en esto, pero en mi opinión, nada obstaculiza más la madurez que la idea que estoy a punto de compartir.

En el libro de Mateo 7:24-27, la Escritura dice: «**Por tanto, todo aquel que oye estas palabras mías y las pone en práctica será como un hombre prudente que edificó su casa sobre la roca. Cayó la lluvia, vinieron los torrentes, soplaron los vientos y azotaron aquella casa; pero no se derrumbó, porque estaba fundada sobre la roca. Pero todo aquel que oye estas palabras mías y no las pone en práctica será como un hombre insensato que edificó su casa sobre la arena. Cayó la lluvia, vinieron los torrentes, soplaron los vientos y azotaron aquella casa, y se derrumbó; y su ruina fue total**».

Al leer estas palabras directamente de Jesús, verás que él pensaba en el futuro. El sabio planifica con anticipación; el necio se centra en el presente. ¿Entiendes? Esto ilustra a dos personas que quieren construir: una es sabia y planifica para el futuro, mientras que la otra, necia (estúpida), solo se preocupa por el presente. ¿Qué diferencia a estos dos constructores?

En mi corta vida, me he dado cuenta de que los constructores apresura dos y desesperados tienden a crear estructuras endebles y débiles, ¡casi como si la energía que invierten en su trabajo afectara todo lo que hacen! A menudo terminan rehaciendo el trabajo o ganándose una mala reputación como malos constructores. Rehacer el trabajo costará más dinero y puede acarrear muchos problemas, ¡por no hablar del estrés financiero!

Por otro lado, el constructor sabio considera cuidadosamente el costo. Busca con sabiduría un buen lugar para establecer una base sólida y sabe, sin duda alguna, que la estructura resistirá las inclemencias del tiempo. La diferencia, te preguntarás, radica en que uno sentía la urgencia de construir la casa, mientras que el otro creía más importante construir unos cimientos sólidos. ¿Cuál serías tú?

Hace poco escuché la historia de una mujer que presentó su declaración de impuestos y declaró falsamente tener más dependientes de los que tenía. Recibió una gran devolución y celebró su victoria con miles de dólares en su cuenta bancaria. Unos años después, recibió una carta solicitando explicaciones sobre sus dependientes; ahora la están auditando por mentir. ¿Cuál es el resultado de tomar el camino fácil para ganar dinero? Exacto: ¡pagarle al fisco con intereses o afrontar las consecuencias! ¡Qué inteligente! La gente suele cometer el mismo error: priorizar lo urgente sobre lo verdaderamente importante. ¡Prefieren ganar dinero ahora y pagar después! A menudo se oyen casos como este, o incluso peores; sin embargo, la gente parece no comprender las consecuencias de perseguir lo urgente en lugar de lo verdaderamente importante.

Responsabilizarnos del principio de buscar siempre el valor nos asegurará un mejor futuro en nuestros esfuerzos. Construyamos para el futuro; construyamos para que otros disfruten; construyamos para que otros crezcan y se desarrollen; y sí, ¡construyamos cimientos eternos para el beneficio de los demás!

Antes de terminar, quiero decirles que, si aprenden a vivir con buenos valores, su vida será estable y sus cimientos, sólidos.

Si se enfocan en construir una base sólida de principios y valores, y no flaquean persiguiendo lo urgente (esa sensación que tenemos cuando nos sentimos presionados a hacer algo contrario a nuestros principios o valores), su vida atraerá todo lo que necesitan para alcanzar el verdadero éxito.

De ahora en adelante, ¡sentemos bases sólidas para la gloria de Dios! Neh'enah.

10

¡El Aprendiz Motivado!

«Pasé junto al campo del perezoso, junto a la viña del falto de entendimiento; y he aquí que todo estaba cubierto de espinos, y ortigas cubrían su superficie, y su muro de piedra estaba derribado. Entonces lo observé y lo consideré bien; observé y aprendí. Pero un poco de sueño, un poco de dormitar, un poco de cruzar los brazos para descansar, y así vendrá vuestra pobreza como un ladrón, y vuestra necesidad como un hombre armado.» (Proverbios 24:30-34 Versión Amplificada)

¿Podrías desarrollar el hábito de aprender? ¡Por supuesto! Aprender es el vehículo que te lleva al éxito. Aunque al principio pueda parecer tedioso y poco emocionante, con el tiempo el aprendizaje se impondrá, convirtiéndose en una base sólida para ti, tu vida y tu futuro.

Como persona autodidacta, tu vida siempre estará llena de experiencias, oportunidades, posibilidades y, por supuesto, algunos retos.

Hace unos años, mientras estudiaba material para un curso que impartía, encontré un artículo que citaba una encuesta sobre graduados universitarios. El artículo afirmaba que menos del 10% de los graduados lee un libro después de recibir su diploma (promedio nacional).

¡Increíble! ¿Cómo es posible? ¡Mucha gente solo hace lo que se espera de ellos y nada más! ¿Es de extrañar que muchos graduados tengan dificultades para encontrar buenos trabajos? No es que no sean inteligentes; es que carecen de interés por aprender sobre la vida en general.

Hace poco alguien me preguntó por qué me encanta leer y estudiar tanto.

Mi respuesta fue: «¡Quiero forjar mi propio futuro y ayudar a otros a hacer lo mismo!». Por si no lo sabías, cada momento que dedicas a estudiar para mejorar tu vida también te prepara para enriquecer la de los demás.

¿Por qué no convertirte en un estudiante de la vida? ¿Por qué no aprovechar la sabiduría que se ha compartido contigo a través de libros, manuales, cintas, CD, DVD, conferencias, seminarios y mucho más? No pierdas el tiempo en cosas inútiles; busca aquello que realmente aporte valor a tu vida. Con el tiempo, verás cómo estas cosas construyen un imperio de grandeza y una vida plena.

Los aprendices autodidactas son personas que investigan, estudian, aprenden nuevos principios, los aplican y luego los enseñan a otros. Reconocen la importancia del aprendizaje; entienden que aprender no es solo para ellos mismos, nunca se trata únicamente de ellos.

¿Qué los motiva a estudiar hasta altas horas de la noche? ¡Los demás! ¿Qué los impulsa a dedicar largas horas a la investigación y el aprendizaje? ¡Otros! ¿Por qué gastan dinero en libros? ¡Otros! ¿Qué los impulsa a sacrificar dinero y tiempo? ¡Lo adivinaste: ¡OTROS!

Hoy te reto a convertirte en un aprendiz autodidacta. No lo hagas solo porque yo lo diga, sino porque reconoces su valor. Hazlo porque visualizas el futuro: el tuyo, el de tu familia, tu carrera, tu ministerio o vocación, ¡y el de las generaciones venideras!

¡Que el espíritu de aprendizaje te inspire profundamente! Neh'enah.

11

¡El Fruto Comienza Aquí!
4 Semillas Claves Para Una Cosecha Personal

«En esto es glorificado el Padre: en que lleváis mucho fruto y seáis mis discípulos.» (Juan 15:8, *Biblia aramea*)

Una de las cosas que he aprendido en mi vida como facilitador de la enseñanza es que, para que mi vida tenga un impacto positivo en la de otros, primero debe sentirse. Como dice el dicho: ¡Si no lo tienes, no puedes darlo! Creo firmemente en esta filosofía. Nuestras vidas son solo canales; solo podemos dar lo que llevamos dentro.

En mi devocional de hoy, quiero destacar algunas cosas que creo que pueden ayudarte a que tu día fluya sin problemas y a ser más productivo. No hay nada como terminar el día con una sensación de logro y eficiencia.

Aquí hay algunas cosas que hago antes de salir de casa por la mañana.

Un tiempo para la oración y la adoración. Creo firmemente que toda la vida proviene del Señor Dios Todopoderoso. Confío en que Jesucristo gobierna mi vida y que Él es la única fuente que me sustenta. Él creó todas las cosas, y sin Él, nada existe hoy. Por lo tanto, es evidente que, si creo que la vida proviene del trono de Dios, entonces pasaré tiempo en Su presencia. ¡No hacerlo sería acortar mi vida! ¡Necesito Su vida dentro de mí!

Una vida espiritual sana es crucial para cualquier propósito en la vida. Sin ella, eres solo un cascarón vacío. Es como tener un hermoso frasco de perfume caro hecho de cristal precioso, ¡pero sin perfume dentro! ¿Qué valor tiene? ¡Casi ninguno!

Tu espíritu necesita ser nutrido, disciplinado, alineado con el corazón de Dios y fortalecido por Su visión. Cuando priorizas esta práctica esencial, ¡tus habilidades creativas florecerán! Recuerda las sabias palabras de Stephen Covey: «¡*Primero lo primero!*».

Es un buen momento para escribir en tu diario sobre tu experiencia con Dios. Apoyo firmemente la práctica de escribir un diario.

Anotar tus pensamientos y descubrimientos después de pasar tiempo en la presencia de Dios es vital para tu salud espiritual. Este momento de escritura es un tiempo personal entre tú y el Señor. Es una oportunidad importante para registrar revelaciones, ideas creativas y planes futuros.

Nada te hace más responsable que plasmar los pensamientos de Dios en papel. Te invito a comprar una libreta bonita, reservar un tiempo después de orar y escribir, escribir y escribir. Te alegrarás de haberlo hecho.

Haz ejercicio temprano por la mañana. A algunas personas no les gusta madrugar, y tal vez tengan sus razones. He descubierto que nada me hace sentir más productiva que levantarme temprano para hacer ejercicio físico y espiritual. Hace poco alguien me preguntó si madrugar es un hábito natural. ¡Le dije que no! ¡Todavía pongo la alarma y sigo luchando con el sueño, las almohadas y las mantas!

¿Por qué lo hago entonces? Porque no quiero vivir con dolor. ¿Qué dolor? ¡El dolor del arrepentimiento! Uno de mis mentores lo expresa así: «Vivirás con uno de dos dolores: el dolor de la disciplina O el dolor del arrepentimiento». Elige el tuyo.

Mi rutina es sencilla: entreno de lunes a viernes. Para mi entrenamiento diario, me gusta correr o trotar entre 3 y 5 kilómetros. Después de correr, hago algunos ejercicios en el suelo y estiramientos. No puedo explicar del todo cómo el ejercicio me ayuda a liberar preocupaciones, ansiedad, blo queos mentales y estrés.

Lo único que sé es que un buen entrenamiento cardiovascular es fundamental para sentirse bien. Suelo dedicar unos 45 minutos al día a mi entrenamiento. No soy médico ni experto en fitness, pero si hace tiempo que no haces un buen entrenamiento cardiovascular, es recomendable que consultes con un médico sobre la cantidad de ejercicio que puedes hacer de forma segura; es solo una sugerencia.

Revisa tus metas diarias y renueva tu motivación para completarlas. Tener una lista de objetivos te mantiene motivado. Establecer objetivos claros aumenta tu eficiencia y productividad. Sin un plan, el tiempo se te escapa. Antes de que te des cuenta, podrías preguntarte: "¿Dónde se me fue el tiempo?" ¡y darte cuenta de que es tu culpa! Tu vida puede cambiar si te tomas el tiempo para planificar tu día y trabajas con diligencia para cumplir tus tareas.

Aquí te comparto algunos de mis secretos para llevar una vida más plena y efectiva. Entiendo que la gente suele medir el éxito por sus logros, y puede que sea cierto. Sin embargo, me he dado cuenta de que el verdadero éxito no se trata de posesiones materiales; se trata de llegar a ser una persona valiosa. Neh'enah.

12

¿Te Sientes Estancado?
¡Supera la Apatía, la Confusión y Otros Obstáculos Para Tus Sueños!

«El Señor irá delante de ti. Él estará contigo; no te dejará ni te abandonará. No temas ni te desanimes.» (Deuteronomio 31:8 NVI)

¿Alguna vez te has despertado con la alarma, la has pospuesto y has dormido media hora o una hora más? Luego, cuando por fin abres los ojos, te quedas mirando al techo un buen rato, preguntándote qué te depara el futuro. Empiezas a reflexionar profundamente sobre tu vida personal y te das cuenta de que no has hecho nada significativo con ella. Nada parece inspirarte ni motivarte, y últimamente el aislamiento se ha convertido en tu mejor amigo. Amigo mío, déjame decirte: ¡Estás estancado! Seguro que lo has experimentado alguna vez.

La reflexión de hoy busca compartir algunas cosas que podrían ayudarte a salir de ese estancamiento en el que te encuentras.

Antes de poder salir de la rutina, primero necesitas entender qué es y luego reconocer que estás en ella.

¿Qué es la rutina? El diccionario Webster la define como: a) una huella marcada por una rueda o por el paso habitual; b) un surco por donde algo se desliza. Así que, se puede decir que caer en la rutina es hacer lo mismo repetidamente hasta que se vuelve aburrido y monótono.

A veces, esta sensación nos golpea con fuerza y no podemos deshacernos de ella. Nos despertamos una mañana con la sensación de que la vida es aburrida y sin sentido.

No sé tú, pero yo he tenido mi buena dosis de rutinas. He llegado a un punto en el que no quiero leer ni una palabra más, ni una página más, ni un libro más; no quiero hablar con nadie; no quiero ver ni un bolígrafo ni un lápiz más; no quiero mirar mi lista de cosas por hacer y, francamente, solo quiero desaparecer. Estoy seguro de que tú también lo has experimentado.

Hoy quiero compartir cómo supero estos momentos de estancamiento y cómo me recargo de energía para seguir adelante en este increíble viaje que es la vida.

Si hoy te sientes estancado/a, permítete experimentarlo. ¡Está bien estar así! Los momentos de estancamiento son pasajeros, así que no pienses que tu vida se ha acabado o que tus sueños nunca se harán realidad. ¡Es solo un momento de estancamiento!

Aquí tienes algunas cosas que hago cuando me siento atascado/a:

Primero, admito que estoy estancado/a. Cuando sientas que te falta energía, reconoce que estás a punto de entrar en uno. Descansar y dormir ayudan, pero no son suficientes. La energía baja se recuperará un poco con el descanso, pero gran parte de la renovación proviene de evaluar qué es importante en tu vida y qué no.

Esto es lo que hago: me tomo un tiempo para reajustar y reorganizar mis prioridades. Lo hago poniendo todo en pausa. (La única manera de recuperar la visión y el propósito es desconectarse de todo lo que te rodea y dedicar tiempo a escribir lo que más te importa). Regreso al lugar donde se encuentra el verdadero descanso: en la presencia de Dios. ¿Quién mejor que el Espíritu de Dios para comprender tus batallas y ansiedades más profundas?

Una vez que encuentro paz en Dios, mi alegría regresa. Cuando mi alegría regresa, recupero la claridad y me siento renovado.

El último paso que doy es tomar mi libreta de *"Cosas por Hacer"* y anotar todo lo que realmente me importa y el propósito para el que fui llamado.

Lo segundo que analizo conscientemente son las voces que escucho.

¿Qué escucho? ¿A quién escucho?

A veces necesito ajustar mis pensamientos, especialmente si son negativos: autocríticos, degradantes o que expresan dudas.

¡Y me aseguro de alejarme de las personas negativas!

Aunque no lo creas, la rutina suele instalarse sigilosamente y puede convertirse en un obstáculo para tu futuro. Debemos alinearnos con el propósito para el que fuimos creados.

La próxima vez que sientas que caes en la rutina, cambia de aires. Dale un giro a tu situación probando algunos de los consejos que compartí. Han trabajado para mí durante casi 30 años, y aquí sigo; ¡creo que funcionan! Neh'enah.

13

¡La Trampa del Progreso!

«El Señor nuestro Dios nos habló en Horeb, diciendo: "Ya han permanecido bastante tiempo en esta montaña. Continúen su camino y diríjanse a la región montañosa de los amorreos, y a todos sus vecinos en el Arabá, en la región montañosa, en la llanura, en el Néguev y junto al mar, la tierra de los cananeos y el Líbano, hasta el gran río, el río Éufrates. Miren, les he dado la tierra; entren y tomen posesión de la tierra que el Señor juró dar a sus padres, a Abraham, a Isaac y a Jacob, a ellos y a sus descendientes después de ellos"» (Deuteronomio 1:6-8).

Cada vez que escucho la expresión *«zona de confort»*, nunca siento que estar allí sea algo positivo. De hecho, esas palabras suelen tener una connotación negativa el noventa y nueve por ciento de las veces.

Personalmente, me molesta cuando alguien me dice: «¡Estás en tu zona de confort!». Al principio me ofende, luego reflexiono y acepto que quizás estoy en una zona de confort y necesito esforzarme para salir de ella.

La zona de confort es exactamente eso: una zona de comodidad.

¿Qué beneficios te aporta tu zona de confort? Para empezar, te brinda una sensación de seguridad. También te proporciona tranquilidad (paz mental). La zona de confort se ha convertido en un lugar donde la gente encuentra descanso de las adversidades de la vida. Sí, la gente acude a su zona de confort y permanece allí hasta que alguien la desafía.

Bueno, quizás pienses que la zona de confort no es mala, ¡e incluso que es un buen lugar para estar! Pues bien...

Antes de que te plantees mudarte a la «Avenida de la Zona de Confort», déjame contarte algunas de las desventajas de quedarte en ella...

Lo primero que noto al vivir en la zona de confort —ser negativo— es cómo mata el deseo de alcanzar la visión que tienes. Con demasiada frecuencia, la gente no logra sus objetivos debido a contratiempos y obstáculos similares, así que se conforman con sobrevivir. ¡Esto no es bueno!

Puedes poner excusas e inventarte un sinfín de razones para quedarte a medias; sin embargo, cuando cierres los ojos por la noche, oirás una voz interior que te dirá: «No estás donde tienes que estar... ¡Sube, sube, sube!».

Creo que este es un hábito que todos necesitan desarrollar si quieren completar su carrera. ¡Quienes ven la vida desde la perspectiva de Dios no se quedan en su zona de confort!

Otra razón por la que quedarse en la zona de confort no es beneficioso es que puede congelar o paralizar tu creatividad. Dios le ha dado a su creación poder creativo.

Al trabajar continuamente para moldear tu futuro y el de los demás, tu creatividad se enciende. Si exploras estas oportunidades para encontrar respuestas que definan tu generación, serás creativo. Quedarte en la zona de confort solo te adormece, y tu creatividad se apaga gradualmente.

Finalmente, vivir en la zona de confort requiere poca o ninguna fe. Si te quedas en la zona de confort, tu fe no crece de la misma manera que si estuvieras fuera de ella.

Vivir fuera de la zona de confort enciende tu fe. La capacidad de confiar plenamente en Dios con el rumbo de tu vida es una cualidad poderosa.

La fe en quién es Dios, la fe en quién eres tú y la fe en lo que Dios ha puesto en tu corazón para que hagas con tu vida son claves esenciales para cualquiera que quiera desarrollar el potencial que Dios le ha dado.

Hoy te reto a adentrarte en lo desconocido; sí, en ese lugar donde tus miedos y dudas te han estado frenando. Algunas cosas llegan a ti sin esfuerzo, pero las oportunidades que transformarán tu vida te esperan. ¡Ven a buscarlas!

Hoy es el día para empezar a liberarte de esa prisión mental, ¡de tu zona de confort! Neh'enah.

14

¿Qué es Lo Que Anhela Tu Corazón?

«Porque somos hechura suya, creados en Cristo Jesús para buenas obras, las cuales Dios preparó de antemano para que anduviéramos en ellas.» (Efesios 2:10 – *Biblia de Estudio Berean*a)

Al hablar de propósito, inmediatamente surge la pregunta de qué se supone que debemos hacer con él. Como bien saben, algunas personas lo tienen muy claro, mientras que otras aún buscan la verdadera razón de su existencia.

La vida es un regalo de Dios con un propósito. Quienes lo comprenden buscarán descubrir el «por qué» de su existencia.

A menudo he oído decir: «¡Mi vida simplemente sucedió! ¡Aquí estoy ahora!». Amigos, la vida no sucede por casualidad; sucede con un propósito mayor.

La verdad es que Dios lo planeó todo mucho antes de que nuestros padres se conocieran. Dios tenía un sueño o propósito de hacer o poseer algo, y ahí es donde entramos tú y yo: ¡Él nos creó según su propósito y su deseo! Tú y yo fuimos creados para agradar a Dios. ¡Qué poderoso! Él tiene una pasión, y tú y yo estamos llamados a cumplirla.

Cuando el Señor creó la tierra, lo hizo según su voluntad. Toda la creación existe para su deleite y su propósito. Cada planta, animal, árbol, sol, luna y estrella solo cumplen su función: dar fruto, brindar sombra, brillar de día y de noche. Cada vez que expresan su naturaleza, dicen: «¡Es para el deleite de Dios!». Los peces nadan, los pájaros vuelan, las rosas despliegan sus hermosos colores; todo para su deleite.

Ahora bien, exploremos la humanidad: ¿Cuál es nuestro propósito? ¿Cómo lo descubrimos? ¿Cómo podemos saber si estamos llamados a hacer esto o aquello?

Hace años, un querido amigo y mentor me regaló un libro escrito por un autor (cuyo nombre no recuerdo) y me dijo: «Léelo y entiéndelo; ¡te cambiará la vida!». El título era *«Sigue a tu corazón»*.

En este libro aprendí que en mi interior (la parte más profunda de mí, a menudo llamada corazón) hay un clamor que busca satisfacción. Nada puede satisfacer verdaderamente a esta parte interior excepto obedecer lo que el corazón anhela. Cuando respondes al clamor de tu corazón, este se siente pleno y satisfecho. Si tu corazón clama por atención, nada más lo satisfará sino su fuerte deseo. Aprende a escuchar ese clamor, comprende qué es y comprométete a satisfacerlo a todo costo.

A lo largo de la vida, experimentamos estos clamores profundos. Es la manera en que Dios nos recuerda: «Este es mi deseo ardiendo en ti. ¡He puesto mi deseo en ti! ¡Ve y cumple mi propósito! Si lo haces, siempre encontrarás gozo, satisfacción y plenitud, y a lo largo de tu vida reflejarás mi naturaleza al mundo».

En resumen: encuentras el «por qué» de tu existencia escuchando el clamor más resonante de tu corazón. Una vez que descubres el «por qué», el «cómo» surgirá naturalmente. Neh'enah.

15

¡Es Como Subir Una Escalera!

Durante unas cortas vacaciones, reflexioné sobre la importancia de fijar metas. Comprender la importancia de establecer objetivos, tener la perseverancia para alcanzarlos y experimentar la alegría de lograrlos son claves para progresar en la propia vocación.

Mientras me centraba en mi futuro y en lo que necesito hacer para llegar a él, también me vinieron a la mente pensamientos sobre el fracaso. Empecé a preguntarme por qué algunas personas están encaminadas al fracaso sin darse cuenta; ¡cómo es que algunas solo ven la cima de la montaña, pero nunca la alcanzan! De inmediato, descarté la idea de fracasar en mi propia vida.

Durante mi escapada, comprendí varias cosas sobre el fracaso. Aquí les presento algunos datos:

1. El fracaso se manifiesta en nuestras vidas de maneras muy sutiles.

2. El fracaso siempre está cerca y listo para tomar lo que le damos.

3. El fracaso siempre espera una oportunidad si lo damos por sentado.

4. El fracaso no se disculpa por destruir nuestros sueños.

5. El fracaso es responsable de destruir innumerables planes, sueños y visiones.

Al reflexionar sobre mis fracasos, comprendí rápidamente lo que NO debo hacer para evitarlos o mantenerme en el camino del éxito. Estas son algunas de las verdades que he descubierto y que sigo aplicando mientras escribo estas líneas.

Si quieres mantenerte enfocado en alcanzar tus sueños, planes y metas, mi consejo es el siguiente:

Ten una visión para tu vida. Sin visión, la gente perece, como enseñan las Sagradas Escrituras. Si no puedes visualizar tu futuro, te resultará difícil lograr casi cualquier cosa en la vida. Podrías convertirte en el sirviente de todos; trabajarás para los objetivos de otros; y tu vida quizás nunca alcance su máximo potencial.

¡Una visión es la capacidad de ver lo invisible! ¿Qué anhela tu corazón? ¿Qué te ves haciendo con tu vida? Un martillo se usa para clavar clavos, una sierra para cortar madera y un panadero para hornear pan; ¿y tú? Si no tienes una visión para tu vida, tómate un tiempo para meditar seriamente sobre esto.

En segundo lugar, fija metas para alcanzar esa visión. Si quieres emprender, ¿qué tipo de negocio debería ser? Te recomiendo elegir uno que te apasione. La pasión y la perseverancia son esenciales cuando las cosas se ponen difíciles o surgen obstáculos. Con estas cualidades, podrás superar cualquier reto sin duda alguna.

Recuerda que, por regla general, un negocio se basa en servir. El motivo debe ser puro y centrado en dar, ¡no en recibir! Se trata de usar tu empresa, tu talento o tu visión para resolver el problema de alguien o satisfacer una necesidad. Si priorizas a los demás, serás recompensado después. Me encanta esta filosofía.

Crea siempre una lista de metas que te ayuden a alcanzar la visión que deseas. Anota tus metas, sin importar cuántas sean. Luego, comienza a trabajar para alcanzar el éxito.

En tercer lugar, sigue trabajando con constancia en esos objetivos, manteniendo un enfoque claro. Muchas personas no logran alcanzar sus sueños y metas por la ansiedad, el egocentrismo, la impaciencia y la distracción que les generan los resultados. Se olvidan de concentrarse únicamente en el siguiente paso de su lista de objetivos, que es lo que realmente importa.

Recuerda: al subir una escalera, no te saltas peldaños; de lo contrario, podrías caerte y lastimarte. Los niños suelen intentar hacer cosas ilógicas como esa, pero esperemos que tú no. Deberías tener suficiente sentido común. ¡Tu enfoque siempre debe estar en el segundo paso de tus objetivos!

Creo que la principal razón por la que no alcanzamos nuestras metas no es el miedo ni la duda, sino la falta de visión y de claridad en la definición de objetivos. ¡Tendemos a descuidar la disciplina!

Y, por último, evita las distracciones. Pueden presentarse de muchas formas. Podría ser alguien que no cree en ti y solo dice cosas negativas; podría ser que hayas caído en la mentalidad de "triunfar o enriquecerte rápidamente", o podrías distraerte con personas que te hacen perder el tiempo.

¡Elimina de inmediato todo aquello que te distraiga de lo que realmente importa y de tus metas! Solo desviará tu atención y te hará preguntarte por qué tu vida no avanza.

Antes de concluir este blog, sería prudente y beneficioso que te tomaras un tiempo para reflexionar sobre tu situación actual. ¿Cuál es tu visión? ¿Aún te inspira pasión? ¿Te has fijado metas para alcanzarla? ¿O te has distraído con trivialidades? ¡Hoy es el día perfecto para poner todo en orden y perseguirla! Neh'enah.

16

¡Que Siga Ardiendo el Fuego!

Entonces les dije: «Ya ven la aflicción en que nos encontramos; Jerusalén está desolada y sus puertas quemadas. Vengan, reconstruyamos la muralla de Jerusalén para que no sigamos siendo objeto de burla». Les conté cómo la mano de mi Dios había sido buena conmigo y también las palabras que el rey me había dicho. Entonces ellos respondieron: «Levantémonos y reconstruyamos». Y se pusieron manos a la obra. (Nehemías 2:17-18)

¿Te has dado cuenta de que recibes muchas ideas inspiradas por Dios, pero rara vez se convierten en algo significativo? Dios constantemente comparte su corazón con nosotros, y es nuestra responsabilidad darles vida a esas ideas.

He escuchado a muchas personas hablar de su visión y enumerar sus ideas y metas, pero por una razón u otra, ¡esas ideas se desvanecen en el aire!

He llegado a creer que la vida debe vivirse con determinación. Todos deberíamos esforzarnos por lograr cosas en lugar de esperar a que algo suceda. He aprendido y creo firmemente que existe una ley que mata, destruye o deteriora: se llama la Ley de la Negligencia. Si descuidas algo, morirá, se deteriorará o se corroerá.

La palabra negligencia proviene de la palabra negligente. ¿Qué significa negligente? El diccionario Merriam-Webster lo define como no brindar el cuidado adecuado o rutinario a algo o alguien.

Descuidar algo y dejarlo desatendido se considera negligencia.

Ahora bien, cuando se trata de ideas, sueños o visiones, la ley de la negligencia también se aplica. Su objetivo es evitar que suceda lo que podría suceder. ¡Uno de nuestros mayores enemigos es la negligencia! "La regla es que, si sigues remando hacia adelante, eventualmente llegarás a alguna parte. Si no remas, te quedarás en el mismo lugar".

¿Cómo podemos superar la ley de la negligencia cuando se trata de las ideas y visiones que recibimos para crear un cambio significativo en nuestras vidas, ministerio o carreras? Una vez que tienes una visión o idea para lograr algo grandioso, querrás mantenerla viva...

1. Dedica tiempo a escribir tu visión o idea, ¡y ponle fecha! Cuando tengas algo que valga la pena perseguir o desarrollar, anótalo e incluye tantos detalles como sea posible. Esto servirá como base para tu visión o idea. Te motivará cuando las cosas se pongan difíciles y te sientas con poca energía. Después de escribirlo, ponle fecha. Esto te recordará cuándo tuviste la idea y te ayudará a desarrollarla con plazos para tus logros, etc.

2. Lee constantemente materiales relacionados con tu tema. Sea cual sea tu visión o idea, busca recursos y materiales de lectura que puedas explorar. Nada impulsa más el progreso que un buen libro sobre el tema que quieres desarrollar. Dedica tiempo a leer a diario. Esto te ayudará a avanzar en tu visión. Recuerda: ¡la transformación comienza en la mente, luego se pone en práctica!

3. Escucha constantemente materiales sobre el tema. Si no tienes un reproductor de CD en tu coche, compra uno. Convierte tu vehículo en una estación de aprendizaje móvil. Puedes escuchar música en otro momento; aprovecha tus trayectos para aprender principios que te cambiarán la vida. La música puede mejorar tu estado de ánimo, pero los principios te ayudarán a convertirte en una persona valiosa.

4. Compartir tus ideas y visión con quienes comparten tus valores es fundamental. Hay muchas personas a nuestro alrededor a diario: familiares, amigos, conocidos, profesores y mentores. Si bien todos influyen en nuestras vidas, solo unos pocos nos impactan de verdad. ¿Quiénes son las personas que te inspiran? ¿Quién te impulsa a salir de tu zona de confort? ¿Quién te anima a soñar en grande? ¿Tienes sus nombres en una lista? ¿Cuántos son: ¿uno, dos o tres? Probablemente no sea una lista muy larga, ¿verdad? Recuerda, los mentores son maestros que llegan a nuestras vidas para ayudarnos a crecer. Comparte tus inquietudes con ellos y te impulsarán hacia ad elante.

5. Evita compartir tu visión e ideas con personas negativas. La negatividad siempre estará presente. Son esas personas que no pue den verte crecer, crear, alcanzar nuevas metas o soñar en grande. ¿Conoces a alguien así? ¡Claro que sí! Todos tenemos. Normalmente, nuestra lista de detractores es más larga que la de mentores. Ahora bien, tenemos una opción: podemos escuchar pensamientos negativos o rodearnos de personas positivas. ¡La decisión es nuestra! Recuerda: nos convertimos en lo que escuchamos. Seguro que lo entiendes.

6. Volver a tu declaración de visión y leer regularmente tu propósito cuando te sientas desanimado, perdido o confundido puede ser muy útil. Todos nos enfrentamos a estancamientos, contratiempos, obstáculos, decepciones, desánimo e incluso confusión a veces. ¿Te ha pasado? Todos pasamos por estos momentos, pero no son motivo para dejar de perseguir nuestros sueños e ideas. Suelo anotar mis pensamientos y fecharlos. Cuando me encuentro con un obstáculo, saco mi diario y reviso la esencia de mi visión. Hacer esto rápida mente restaura mi motivación, pasión y entusiasmo. Muchas person- as han enterrado sus visiones e ideas, y creo que a menudo fue por elección propia. Podrían haberlas mantenido vivas, pero no las

escribieron ni las fecharon. ¡Responsabilizarse de nuestros sueños es esencial!

Toda visión e idea necesita seguimiento. Deben cultivarse y regarse a diario. Si no se les presta atención, podrían disiparse y desaparecer por completo. Permítanme reiterar que llevar un diario de todas sus visiones e ideas no sería mala idea. Anótenlas y féchenlas. Créanlo o no, se convertirán en sus mayores tesoros. Neh'enah.

17

¡Manifestando Los Tesoros Ocultos del Corazón!

«Así que no pierdan la confianza, pues será recompensada con creces. Deben perseverar para que, habiendo hecho la voluntad de Dios, reciban lo que él ha prometido.» (Hebreos 10:35-36)

Las últimas semanas han estado llenas de evaluaciones y logros. Ya estamos a mediados de octubre y se acerca el fin de año.

¿Cuántas de tus metas anuales has podido alcanzar? ¿Cuántas de ellas todavía están muy lejos de lograrse? ¿Entiendes a qué me refiero? ¿Te ha pasado alguna vez? Una cosa sí sé: ¡no es la sensación más emocionante del mundo! De hecho, esta emoción tan real, si no se controla, puede llevar a la depresión o al desánimo. ¿Sabes a qué me refiero?

Al comienzo de cada año, me dedico con ahínco a alcanzar varias metas y proyectos. Estos abarcan desde logros personales hasta éxitos profesionales o ministeriales. No estoy seguro de cuándo ni dónde aprendí a hacerlo, pero fijarme metas para el nuevo año siempre me ha mantenido motivado, enfocado en lo que importa y con ganas de lograr mayores éxitos.

Al revisar mi lista, comencé a evaluar cada proyecto. Los que completé me brindaron una gran satisfacción. Mi sensación de plenitud no se mide por números, dinero o popularidad; se define por cuántas cosas ocultas en mi corazón salen a la luz.

Las cosas o proyectos que no completé me enseñan algunas cosas: 1) me muestran la necesidad de más disciplina en mi vida; 2) también revelan con qué facilidad pierdo el enfoque, es decir, me centro en lo urgente en lugar de lo importante; 3) me enseñan que la perspectiva general puede verse fácilmente disminuida (en mi propia mente) debido a presiones externas o miedos e inseguridades internas.

¿Cómo se puede aceptar la falta de logros del ayer y la visión transformadora del mañana?

Aquí hay algunos puntos clave que he considerado con respecto a lo que no hice y las preocupaciones presentes o futuras.

1. Veo los proyectos y las metas como maestros. No me fijo metas para ver qué puedo lograr. He aprendido a fijarme metas en función de cómo me transformarán a medida que trabajo para alcanzarlas. Cuando tu filosofía no se centra en lo que obtienes, sino en lo que te convertirás, entonces estás en el camino hacia una vida plena.

2. Cuando te enfrentes al fracaso y a las metas no alcanzadas, siempre mira hacia adentro. Ese es el mejor consejo que puedo darte. No te centres en esas situaciones difíciles; en las personas que estaban en tu contra, te robaron o te arrebataron una oportunidad, o incluso en las circunstancias que escapaban a tu control. No culpes a nadie; ¡no es culpa de nadie! Si alguna vez sientes la tentación de poner excusas —como amargarte con la vida porque, cuando tenías cinco años, alguien te robó tu piruleta o tu helado—, ¡no fue culpa de nadie más que tuya por no haberla sujetado con más fuerza!

3. Si no has alcanzado tus metas y se acerca un nuevo año, no te estreses; Simplemente agrégalas a tu lista de "Nuevos Objetivos" para el próximo año. ¿Sabes qué? Tendrás que esforzarte un poco más el año que viene para alcanzarlos, tanto los que ya tienes como los nuevos. Si perseveras, ¡te convertirás en una mejor persona!

¿Y qué hay de las nuevas metas y proyectos? Mi consejo es que sigas soñando, aunque no hayas terminado tu lista de objetivos. ¡Nunca dejes de imaginar el futuro! Sigue persiguiendo los deseos de tu corazón. Neh'enah.

18

¡La Pereza No Es Una Excusa, Es El Resultado De Una Vida Sin Pasión!

He oído decir que hacer cambios importantes en la vida es una tarea muy costosa. «Requiere disciplina y sacrificio; es demasiado, ¡y no sé si puedo pagarlo!». Seguro que has oído a muchos otros con la misma mentalidad.

Cuando el Espíritu del Señor se mueve en nosotros, nos entusiasman las «posibilidades» de una nueva etapa. Yo pensaba así durante años, hasta que comprendí que las nuevas etapas me traerían lo que yo deseara. Las nuevas etapas en la vida de Dios no determinan mi destino; ¡yo lo determino mediante mi obediencia!

Durante los tiempos de cambio, muchos se preparan con renovada determinación. Quienes buscan la transformación van un paso más allá: compran zapatillas nuevas, ropa deportiva, libros, diarios, renuevan sus membresías de gimnasio y adquieren nuevas recetas y licuadoras para preparar sus batidos favoritos, etc. Apoyo esta iniciativa, ¡pero hay mucho más!

Hace unos años, me encontré con un amigo al que no veía desde el instituto. Hacía muchísimo tiempo. Me dijo que estaba muy decepcionado consigo mismo. Comentó que no había tenido mucho éxito en la vida y que tenía algo de sobrepeso; no sabía cómo cambiar su futuro.

También mencionó que había probado programas de ejercicio, vídeos y máquinas. «Como puedes ver», continuó diciendo, «no he perdido nada de peso, sino que estoy más gordo que nunca; ¡por no hablar de que todas mis máquinas de ejercicio las uso para colgar la ropa!». ¿Te suena familiar?

La transformación y el cambio están profundamente ligados a nuestra mente, corazón y disciplina.

Para implementar con éxito cualquier tipo de cambio, hay algunos pasos clave que seguir.

Primero, es necesario preparar la mente. ¿Cómo se hace esto? En mi experiencia, preparo mi mente llenándola de conocimiento sobre lo que quiero lograr. Por ejemplo, si mi meta es el éxito financiero, me informo sobre ese tema. Si mi meta es profundizar en mi vida espiritual, me concentro en aprender más sobre ello. El mismo principio se aplica a la salud, la prosperidad, los negocios, el ministerio, etc.

El conocimiento es esencial para el cambio. Cuanto más conocimiento tengas, más reflejarán tus acciones lo que has leído y estudiado.

En segundo lugar, quien busca un cambio también debe prepararse con el corazón. ¿Qué significa esto? Prepararse con el corazón nos afecta emocionalmente; despierta nuestra pasión. Si no sientes pasión por lo que estudias o aprendes, no perseverarás. La pasión es la fuerza que impulsa las metas y visiones a largo plazo. Muchas metas fracasan por falta de pasión.

Algunas personas hacen las cosas por necesidad, así que se disciplinan para hacerlas; otras, en cambio, pueden carecer de disciplina, pero su pasión las impulsa. La pasión es como un fuego ardiente que debe alimentarse a diario.

¿Cómo encender la pasión? Aquí te comparto lo que me ha funcionado a lo largo de los años, el tercer paso y elemento clave para el cambio.

La pasión se alimenta con simples actos de disciplina. Veo la disciplina como leña que se añade a una barbacoa. Cuanta más leña añadas, más grande será el fuego. La cantidad de leña que pongas determina la intensidad de la llama. Si te da pereza añadir leña, ¡no tendrás fuego! ¡Así de simple! La pereza no es excusa, es señal de falta de pasión.

Si disciplinas tu vida prestando atención a los pequeños detalles, nunca te faltará pasión. La pasión te impulsará a superar cualquier cambio que necesites hacer, ya sea esta semana, la que viene o el año que viene. Neh'enah.

19

¡Caminando En Verdadera Armonía Con Dios!
*La Receta Para La Paz, La Alegría y
La Victoria en La Tierra.*

Entonces Jesús les dijo: «Cuando levanten al Hijo del Hombre, entonces sabrán que yo soy, y que nada hago por mí mismo; sino que, como me enseñó el Padre, así hablo. Y el que me envió está conmigo; el Padre no me ha dejado solo, porque yo siempre hago lo que le agrada». (Juan 8:28,29)

Esta mañana, al pasar un tiempo de calidad en Su presencia, el Señor me reveló algo muy claro. Me habló de la armonía y de lo que significa estar en sintonía con Su Espíritu.

Lo primero que me vino a la mente fue afinar una guitarra. Cuando la guitarra está bien afinada y los acordes se tocan correctamente, la combinación de notas suena agradable al oído y a veces incluso produce un tono dulce.

Ahora bien, lo opuesto a esto sería una guitarra desafinada. El sonido será discordante, desagradable y difícil de escuchar.

La mayor parte, si no toda, de nuestra falta de paz en la vida se debe a que no caminamos en armonía con la voz del Señor que fluye dentro y a través de nosotros. Nos exponemos a cualquier sonido, armonice o no con Dios, y cosechamos sus frutos.

Aprendo continuamente sobre el comportamiento humano, tanto dentro como fuera de la voluntad de Dios. ¡Qué arte tan fascinante!

Cuando las personas viven en armonía con Dios, sus vidas se llenan de paz y alegría. Cuando se apartan del orden establecido por el Señor, sus vidas se llenan de confusión, pruebas y tribulaciones constantes.

Muchas personas pasan por alto estas cosas en sus vidas. La mayoría desconoce este tipo de vida. Van a la iglesia pensando: «Orarán por mí y todo mejorará», ¡solo para descubrir que en realidad nada ha cambiado!

La lección sobre la armonía con Dios que les comparto es una manera sencilla de encontrar paz, victoria y alegría en sus vidas.

Observen la vida de Jesús. Jesús caminó con el Padre e hizo todo según su voluntad. Juan 8:28 y 29 lo confirman. Jesús usó la palabra «siempre». La palabra «siempre» en griego significa «en todo momento».

Debido a nuestras imperfecciones y tendencias carnales, puede que no siempre seamos capaces de mantenernos firmes en esto.

Creo que esto significa que estamos llamados a permanecer siempre en la voluntad de Dios; debemos tener la conciencia de decir: «¡Estoy en la voluntad de Dios, y eso es lo que me esfuerzo por lograr cada día!». Estar tan en sintonía con esta verdad que, cuando nos desviamos, aunque sea un poco, del camino del Padre, algo dentro de nosotros clama fuerte y gime, diciendo: «¡Estás en desarmonía! ¡Sintonízate ahora!». Rápidamente corremos y volvemos al camino correcto.

Estar en sintonía con Dios y fluir en armonía con Él es verdaderamente el camino hacia la paz, la alegría y la victoria. Neh'enah.

20

¡No Te Dejes Llevar Por Tus Emociones Tan Rápido!

Mi esperanza está puesta en nada menos que
la sangre y la justicia de Jesús;

No me atrevo a confiar en la más dulce apariencia,
Sino que me apoyo completamente en el nombre de Jesús.

Sobre Cristo, la Roca firme, estoy;
Todo lo demás es arena movediza,
Todo lo demás es arena movediza.

-Edward Mote

Una cosa que noto a menudo es cómo las personas tienden a fluctuar emocionalmente.

Es curioso cómo un día una persona puede estar animada, llena de energía, hablando palabras de aliento y sintiéndose segura de que su futuro es brillante y prometedor.

Al día siguiente, todas las emociones han cambiado. Todo se complica; nada de lo planeado sale como se esperaba. La gente se vuelve en tu contra, la policía te detiene por exceso de velocidad, tus amigos te dan la espalda y tus cheques rebotan, acumulando enormes cargos por fondos insuficientes en cada compra. ¡Qué mal!

Este tipo de circunstancias a menudo provocan que una persona se aleje emocionalmente de sus metas. En tal situación, les digo: «¡Tengan mucho cuidado! ¡No se dejen llevar por la corriente!».

Una de las principales razones por las que nos fijamos metas y practicamos la disciplina es precisamente para esto: mantener el rumbo a pesar de la oposición. Nuestros ojos notan la falta de progreso, nuestra mente interpreta lo que ve y tomamos una decisión rápida mental y espiritualmente. O nos mantenemos fieles al camino que elegimos inicialmente o nos dejamos llevar por nuestras emociones cambiantes.

He hablado con muchas personas sobre visión, propósito y temas similares. Las historias son casi las mismas. Se ha trazado un camino, pero la falta de inteligencia emocional y disciplina ha frenado el potencial de muchas personas.

Tras enfrentar muchos desafíos, alguien podría decir: «¡Siento que Dios está cambiando mi rumbo!». Personalmente, no creo que el rumbo de una persona cambie solo por los obstáculos. Sé que Dios sí cambia de dirección y nos guía hacia un nuevo nivel de crecimiento, pero esto solo ocurre cuando la persona ha superado el camino anterior que se le había asignado.

Trazar un Rumbo Debe Hacerse con Intención.

Si crees que el Señor te guía en una dirección específica, prepárate. Traza tu plan y fija una fecha límite. Si para entonces no sucede nada, ¡déjalo ir! ¿De quién es la culpa? ¡No de Dios! Entonces, ¿quién tiene la culpa? ¡Exacto: la tuya!

No te dejes llevar por emociones falsas, obstáculos, circunstancias ni palabras negativas. No permitas que nada externo te influya.

Mi consejo es simple: ¡mantente firme! ¡Busca a Dios! Antes de actuar, pregúntate: "¿Terminé el último curso? ¿Completé la última tarea que me dio el Espíritu de Dios? ¿Logré todo lo que Dios me encomendó la última vez?". Debes ser honesto contigo mismo para que haya progreso.

Confío en que escucharás mis palabras y permitirás que Dios te revele un camino nuevo y vivo para mantenerte firme en la expansión de la gloria de Dios aquí en la tierra. Neh'enah.

21

¡Abre La Puerta! - Parte 1

«¡Mirad, yo estoy a la puerta y llamo! Si alguno oye mi voz y abre la puerta, entraré a él y cenaré con él, y él conmigo.» (Apocalipsis 3:20)

Durante la oración de esta semana, el Espíritu Santo me impulsó a reflexionar sobre los versículos mencionados. Siempre me ha quedado muy claro que cuando Dios se dispone a obrar en un hombre o una mujer, los impulsa a orar.

Esta clase de oración no es la típica. Va más allá de lo habitual y exige una mayor humildad y obediencia. Hace algunos años, encontré una encuesta sobre la vida de oración de los creyentes.

La encuesta indicaba que el cristiano practicante oraba un promedio de cinco minutos al día, mientras que el pastor o ministro oraba quince minutos diarios. Al leer esa encuesta, lo primero que pensé fue en cómo afrontaríamos las consecuencias de nuestra falta de oración en el servicio cristiano y en el mundo en que vivimos.

Han pasado años desde que leí esa encuesta, ¡y los efectos de nuestra falta de oración se han vuelto evidentes con creces! Gran parte de lo que vemos hoy en día se debe a la falta de oración del pueblo de Dios. Nos gusta culpar a nuestra sociedad, a nuestro gobierno, a nuestra cultura e incluso a nuestra religión por lo que sucede en el mundo hoy en día; sin embargo, en el fondo, sé que la verdadera razón es: ¡la falta de oración! Entiendo que por eso nos enfrentamos a una decadencia en nuestros días: ¡pura falta de oración!

¡Cena con Jesús!

Permítanme guiarlos a este espacio sagrado que llamo oración.

Orar es reconocer la llamada de Dios a nuestros corazones. Es escuchar sus pasos acercándose a la puerta de nuestro corazón y nosotros acercándonos para abrirle. Esto, en mi humilde opinión, marca el comienzo de un tiempo de oración.

La gente se reúne en grupos de oración donde la mayoría no busca la voz profética de Dios, sino que espera orar por sus propias necesidades. Se agrupan en círculos, ¡y empiezan las quejas! Invito a todo aquel que desee «cenar con Jesús» a seguir leyendo.

Observen este momento íntimo de oración. Él está a la puerta y llama. Dice: **«Si alguien oye mi voz y abre la puerta, entraré a él y cenaré con él, y él conmigo»**. Si alguien, en cualquier momento y lugar, oye y abre la puerta, entonces Jesús entrará y cenará con él, ¡y él cenará con Él! ¡Qué maravilla!

¿Qué Sucede Mientras Cenas con Jesús?

Antes de revelar esta verdad, entendamos qué significa realmente la palabra «cenar». La definición original griega de «cenar» significa *«comida»*, *«comida principal»* o *«banquete»*.

En esencia, Jesús decía: «Si me abren la puerta y me dejan entrar, ¡tendremos un banquete! En este banquete, me revelaré a ustedes y les enseñaré todo lo que necesitan saber para esta etapa de su vida, vocación, ministerio, etc.».

Esto es lo que deben comprender: Nuestras vidas se desarrollan en etapas, inspiradas por Dios. Por lo tanto, en cada etapa, es esencial reconocer lo que Dios está haciendo en nuestras vidas. Al sentarnos a la mesa con Jesús,

Él nos enseñará lo siguiente:

Nuestra Actitud Ante la Etapa Que Estamos Viviendo.

Cuando reconocemos que Dios nos guía a través de una etapa específica, cambia nuestra perspectiva de la vida. A menudo, el pueblo de Dios se confunde y comienza a reprender demonios y espíritus malignos antes incluso de comprender quién realmente tiene el control de su sufrimiento (véase Juan 18:11). Al estar con Jesús, encontramos equilibrio emocional y nuestra actitud empieza a alinearse con su voluntad.

1. Sabiduría desde la perspectiva de Dios sobre la acción. Cuando nos sentamos a escuchar el corazón de Dios, lo primero que obtenemos es sabiduría. Una impartición de perspectiva sagrada y de discernimiento espiritual sobre el «por qué y cuándo» nos llegará de inmediato. La sabiduría es «habilidad sabia». A medida que el Señor pasa tiempo con nosotros y nosotros con Él, adquiriremos muchas habilidades sabias para seguir el plan que Él ha diseñado.

2. Capacitación y capacidad de liderazgo. Es increíble recibir revelación cuando Dios nos visita, pero es completamente distinto saber qué hacer con lo que hemos recibido. Esto requiere habilidades de liderazgo de un nivel mucho más alto al que estamos acostumbrados. Parte de la razón por la que hay tanta insatisfacción entre los creyentes hoy en día es que no actúan según lo que Dios les ha mostrado; sinceramente, ¡es simplemente porque no saben cómo! Escucho a líderes cristianos hoy hablar de cuánto les ha revelado Dios, pero, al final del día, no hacen nada al respecto. Una cena con Jesús resolverá este problema.

Al concluir esta primera parte, quiero desafiar tu corazón. Además de todo lo que ya sabes, añade esto: aprende a ser más sensible a Su voz, a Su llamado y a Su invitación. El reconocimiento es una valiosa clave para tu progreso futuro. Si escuchamos y obedecemos, tendremos alimento que nadie más conoce. Neh'enah.

22

¡Abre La Puerta! - Parte 2

«**El que tiene mis mandamientos y los obedece, ese es el que me ama; y el que me ama será amado por mi Padre, y yo lo amaré y me manifestaré claramente a él.**» (Juan 14:21 - *Nuevo Testamento de Weymouth*)

Hoy quiero seguir compartiendo mis reflexiones sobre cómo Dios se revela a nosotros. En mis notas anteriores, destaqué que, si escuchamos y le abrimos la puerta, experimentaremos un poderoso momento de revelación cuando Jesús cene con nosotros y nos revele sus secretos.

Aquí les presento otra perspectiva sobre cómo Dios se acerca a nosotros y se revela. Concéntrense en la condición del corazón. ¡En realidad, todo se reduce al corazón!

- El que tiene mis mandamientos. A medida que profundizamos nuestra relación con el Señor, haciéndola más personal e intensa, comenzaremos a comprender lo que realmente significa interiorizar los mandamientos de Dios. Si no meditamos en lo que Dios nos instruye a hacer, nunca lo tomaremos en serio. A menos que los mandamientos se conviertan en parte de nosotros, nunca viviremos de acuerdo con ellos de manera consistente.

- El que obedece mis mandamientos. La segunda parte de esto es la obediencia misma. Cuando nos humillamos en su presencia durante la oración, no solo personalizamos sus mandamientos, sino que también tomamos la iniciativa de ponerlos en práctica. Si hay algo que Dios sabe de nosotros, es la intención de nuestro corazón. Nos conoce mejor de lo que nos conocemos a nosotros mismos. Nuestra actitud en la oración, nuestra recepción de sus mandamientos y nuestro deseo de cumplirlos nos encaminarán por una senda que agrada al Señor. ¿Acaso sorprende que el Señor se manifieste a quienes están dispuestos a escucharle y obedecerle?

- ¿Qué define el verdadero amor a Dios? ¿Qué debe ser visible para demostrarlo? El verdadero amor siempre se caracteriza por un rasgo clave: el sacrificio. Sin sacrificio, no podemos experimentar verdaderamente ese amor a Dios del que muchos hablan. A menudo, la gente dice amar a Dios, pero sus acciones no lo reflejan. ¡Faltan acciones! La oración requiere mucho sacrificio. Si las personas no están dispuestas a dedicar tiempo a estar a solas con Dios, entonces no hay verdadero amor. Todo lo relacionado con Dios implica sacrificio.

- Atracción paternal: El amor genuino a Dios atrae el afecto del Padre. Cuando nuestros corazones rebosan de amor por Dios, lo impulsamos a acercarse. Si hay algo con lo que Dios se identifica, es con el amor. Cuando nuestros corazones están llenos de amor, Dios se sentirá atraído hacia nosotros.

- Jesús nos amará en reciprocidad y se revelará claramente a nosotros. Al concluir estas notas, me queda claro que Dios nos visitará cuando nuestros corazones estén llenos de amor por Él. Cuando nuestros corazones alcancen cierta profundidad, Dios se manifestará poderosamente y nos mostrará su corazón. Hay una razón por la que Dios se revela a nosotros: ¡porque nuestros corazones están llenos de amor por Él! Neh'enah.

23

¡Avivamiento en Una Cueva! – Parte 1

"Y allí entró en una cueva, y pasó la noche en aquel lugar; y he aquí que la palabra del Señor vino a él, y le dijo: ¿Qué haces aquí, Elías?" (1 Reyes 19:9)

Hoy quiero compartir una de las historias más impactantes de la Biblia sobre cómo la debilidad humana y la fuerza de Dios se unen para crear un poderoso testimonio de la gloria de Dios.

La historia comienza con Elías, uno de los siervos de Dios. Elías era profeta del Señor y se movía con gran fe. Oraba con frecuencia y fervor ante el Señor. Dedicaba mucho tiempo a la oración y llegó a comprender el propósito de Dios para su vida. Sin duda, Dios tocó profundamente la vida de Elías.

Llegó un momento en la vida de Elías en que el Señor lo inspiró a ser consagrado y puro; a ser un hombre de santidad y un poderoso testigo del amor de Dios para su pueblo. Durante este tiempo, Elías observó la maldad y la corrupción entre el pueblo de Dios. Adoraban dioses falsos e ídolos, y el corazón de Elías se turbó e incluso se indignó por la forma en que vivían.

Entonces Acab mandó llamar a todos los hijos de Israel y reunió a los profetas en el monte Carmelo. Y Elías se presentó ante todo el pueblo y les dijo: «¿Hasta cuándo vacilaréis entre dos opiniones? Si el Señor es Dios, seguidle; pero si Baal, seguidle a él». (1 Reyes 18:20-21)

Fue aquí donde Elías desafió a todo el pueblo de Dios a elegir a quién servirían: a Jehová Dios o a Baal. En este desafío, Elías se enfrentó a 450 profetas de Baal y los mató. Y Elías les dijo: «¡**Apresen a los profetas de Baal! ¡Que no escape ninguno!**». Así que los apresaron, y Elías los llevó al arroyo Quisón y allí los ejecutó. (1 Reyes 18:40) «**Y Acab le contó a Jezabel todo lo que Elías había hecho, y también cómo había ejecutado a espada a todos los profetas. Entonces Jezabel envió un mensajero a Elías, diciendo: "Que los dioses me castiguen severamente si mañana a esta hora no te he hecho como a uno de ellos". Al ver esto, Elías se levantó y huyó para salvar su vida, y llegó a Beerseba, que pertenece a Judá, y allí dejó a su criado. Él, por su parte, caminó durante un día entero por el desierto y, al llegar, se sentó bajo un enebro. Y oró pidiendo la muerte, diciendo: "¡Basta ya! ¡Señor, quítame la vida, porque no soy mejor que mis padres!"** (1 Reyes 19:1–4)

Cuando Jezabel se enteró de la noticia por su débil esposo Acab, se enfureció y juró matar a Elías por destruir a los falsos profetas de Baal.

¿Cómo debía responder Elías ante esto? Al parecer, hubo consecuencias celestiales. Creo que, al avanzar en el reino de Dios, es inevitable enfrentar desafíos. Hay que estar preparado para afrontarlos.

La Respuesta de Elías

Al ver esto, se levantó y huyó para salvar su vida, llegando a Beerseba, que pertenece a Judá, y dejando allí a su criado. Él, por su parte, caminó un día entero por el desierto, y llegó y se sentó bajo un enebro. Y oró pidiendo la muerte, diciendo: «¡Basta ya! ¡Señor, quítame la vida, pues no soy mejor que mis antepasados!»

No sé por qué, pero cuando Elías escuchó la amenaza de Jezabel de matarlo, el miedo lo invadió. Tanto que prácticamente huyó para salvar su vida y se escondió.

La mayoría de nosotros, ante una situación difícil, solemos reaccionar de forma similar, no físicamente, sino espiritualmente. A menudo nos retraemos y nos aislamos de los demás, sintiéndonos muy desanimados. ¿Es este un patrón común en las personas con gran poder de palabra y acción? Creo que sí.

El Pecado de la Relajación Intempestiva

Creo que una de las principales causas de la guerra espiritual es la relajación. Una vez que logramos una victoria, tendemos a caer en la complacencia. Descansamos espiritualmente, y el enemigo se reagrupa y lanza un ataque arrollador.

Es durante este estado de relajación que el enemigo nos adormece y se aprovecha de nuestro letargo. Despertamos de repente, dándonos cuenta de que el enemigo está sobre nosotros, listo para destruirnos. Sentimos que el enemigo ha avanzado considerablemente mientras dormíamos, y ahora no podemos prepararnos para la batalla.

Por eso, todo aquel que desea vivir piadosamente en Cristo Jesús y seguir su llamado debe recordar siempre que vive en una zona de batalla las veinticuatro horas del día, los trescientos sesenta y cinco días del año.

Nos sentimos abrumados por los desafíos de la vida, lo que nos lleva a desviarnos del camino. En lugar de buscar lo mejor de Dios, nos conformamos con la mediocridad. Muchos han pasado por esto y han caído en el intento.

Cuando se alcanza la victoria, ¡hay que mantenerse alerta ante toda oposición, tanto interna como externa! No se pierdan la segunda parte de este mensaje. Neh'enah.

24

¡Avivamiento en Una Cueva! – Parte 2

Esta semana, quiero continuar con la segunda parte de «Avivamiento en una cueva».

La última vez les hablé de la vida de Elías y cómo huyó de la malvada Jezabel. También les conté que relajarse después de una gran victoria puede perjudicar nuestro progreso en Dios.

Esta semana, profundicemos más en la experiencia de soledad de Elías y su cueva.

«Y entró en una cueva, y pasó la noche allí. Y he aquí que la palabra del Señor vino a él, y le dijo: "¿Qué haces aquí, Elías?"» (1 Reyes 19:9)

Permítanme hacerles la misma pregunta que el Señor le hizo a Elías: "¿Qué haces aquí, Elías?".

Hay momentos en nuestro caminar y servicio al Señor en los que nos sentimos abrumados por las cosas externas. Con "cosas externas" me refiero a presiones que intentan desestabilizarnos. Pero, ¿desestabilizarnos de dónde o de qué? ¡De nuestra posición en Cristo, por supuesto! ¿Qué podría ser más valioso para el creyente que su posición en Cristo?

¡La Posición en Dios Lo Es Todo!

Miren esto: Elías era valiente y aguerrido por el Señor su Dios; estaba dispuesto a defender a Jehová sin dudarlo. No temía enfrentarse a los 450 profetas de Baal ni a nadie más que pudiera presentarse. ¡Creo que no hubo nadie más fervoroso que Elías en su época!

Sin embargo, en medio de una victoria y una celebración, Jezabel le envió un mensaje prometiéndole que lo mataría. ¡Elías huyó para salvar su vida y se escondió!

Amigos, las palabras de Jezabel hicieron que Elías perdiera la fe en Dios. La influencia de esta mujer malvada era tan fuerte que podía sacudir la fe de un hombre. ¿Fue que las palabras de Jezabel eran extremadamente poderosas, o fue que Elías decidió dudar del poder de Jehová? Creo que fue lo segundo.

Es muy posible que un hombre de Dios pierda su celo, su fuerza e incluso su confianza en Dios debido a factores externos. ¡Muy posible!

La clave para superar esto reside en la misericordia de Dios. Una vez que el siervo de Dios se da cuenta de que está huyendo del enemigo, lo único que necesita hacer es dejar de huir y empezar a escuchar la voz de Dios. Elías corrió a una cueva, y Dios fue a encontrarlo allí y le preguntó: «¿Qué haces aquí, Elías?».

Cuando estemos angustiados, debemos decidir: ¿Escuchamos al enemigo o al Espíritu de Dios? Nuestros resultados dependerán de esa decisión.

La Invitación de Pedro

Pedro le respondió: «Señor, si eres tú, mándame ir hacia ti sobre el agua». Él le dijo: «Ven». Pedro bajó de la barca y caminó sobre el agua hacia Jesús. Pero al ver la fuerza del viento, tuvo miedo y, al comenzar a hundirse, gritó: «¡Señor, sálvame!» (Mateo 14:28-30)

Pedro era un hombre de fe y creía en Jesús. Cuando Jesús lo invitó a acercarse y caminar sobre el agua, Pedro obedeció y siguió el camino de Dios, no el suyo. Esto es importante. Si caminamos en su camino, ¡no tenemos nada que temer!

El miedo se apoderó de él cuando Pedro apartó la mirada del lugar al que Jesús lo había invitado. Entiéndanme, amigos, esto no tiene nada que ver con el viento ni con las olas. El hecho es evidente: Pedro apartó la vista del lugar donde Jesús lo había puesto y se fijó en el viento y las olas. Esta fue la receta que lo llevó a la superficie. ¡Y lo mismo nos puede llevar a ti y a mí!

Elías se sumergió. Solo cuando el Señor lo buscó y renovó su alma cansada, volvió a sentir la fuerza de Dios.

Recuerden, fue Dios quien buscó a su siervo, no al revés. Dios siempre mostrará su misericordia si nos humillamos y confiamos solo en Jesús. El renacimiento en una cueva es posible si reconocemos nuestra debilidad ante Dios y permanecemos arrepentidos de corazón. Neh'enah.

25

Visión de la Lámpara Ardiente

"Tengan ceñidos sus lomos y encendidas sus lámparas; sean como hombres que esperan a su amo, cuando regrese de la boda, para que cuando llegue y llame, le abran inmediatamente." (Lucas 12:35-36)

«Solo una vida, pronto pasará,
Solo lo hecho por Cristo perdurará.
Y cuando muera, ¡qué feliz seré!,
Si la luz de mi vida se ha consumido por ti.»
-CT. Studd

Al reflexionar sobre las Escrituras que nuestro Señor y Rey Jesús nos reveló, no puedo evitar pensar en la gran responsabilidad que tiene cada siervo del Señor. El llamado a caminar con Jesús y servirle, encendido por el fuego santo, no es solo una idea o un dicho bonito, ¡sino una necesidad!

Sin fuego, solo tenemos una lámpara bonita, pero no cumple su propósito original.

Las lámparas son útiles para brindar luz y calor. Sin fuego, una lámpara es solo un adorno. En nuestra comprensión de Dios, debemos incluir la necesidad de una vida llena de fuego. Porque sin él, por decirlo suavemente, somos verdaderamente inútiles e improductivos para sus propósitos.

Visión de la Lámpara Ardiente

La semana pasada celebré mi cumpleaños número 52 y lo pasé de maravilla con mi familia y amigos. Uno de los momentos más especiales fue la oración matutina que compartí en la presencia del Señor ese mismo día.

Mientras estaba con Jesús en la intimidad, agradeciéndole por mi vida y por los 52 años de vida preciosa que me había concedido, le pregunté: "¿Qué aspecto tiene para ti un hombre de cincuenta y dos años?". No me pregunten por qué lo preguntaba, pero estoy seguro de que Dios lo sabía. Mientras esperaba su respuesta, esto fue lo que me mostró:

Me mostró una visión de una lámpara. La lámpara parecía algo antigua y rústica, como esas encantadoras lámparas antiguas que la gente compra y exhibe como decoración. Oí una voz que me decía: «Sé que estás tratando de adivinar cuánta edad tiene esa lámpara». Respondí: «Así es». El Señor entonces me mostró la lámpara y preguntó: «¿De verdad importa la edad de una lámpara? ¿Es la lámpara realmente tan importante?». Mientras reflexionaba sobre la respuesta del Señor, vi una mano que emergía y levantaba la lámpara. ¡La lámpara comenzó a arder con tal intensidad porque el fuego en su interior era brillante y radiante! Después de que la lámpara ardió con fuerza durante un rato, el Señor me dijo: «David, ¿qué edad crees que tiene el fuego?». «No lo sé. Acabas de encenderla, así que supongo que tiene unos minutos», respondí. Entonces el Señor dijo: «David, mi fuego es una llama eterna». Siempre arde. Siempre está fresco. Siempre es nuevo. Mi plan no se centra en la lámpara, ¡sino en el fuego! ¡Puedes sentirte tan fresco y nuevo como me permitas arder dentro de ti!». Fin de la visión.

Así que, para mi cumpleaños, además de los regalos especiales que recibí, el Señor también me dio un regalo: la visión de una lámpara encendida. Esta visión me ha encaminado hacia una nueva responsabilidad. Esta es mi nueva oración, junto con la del rey David: **«Oh Dios, tú me has enseñado desde mi juventud, y hasta ahora he proclamado tus maravillosas obras. Sí, aun en mi vejez y canas, oh Dios, no me abandones, [sino que mantenme con vida] hasta que haya proclamado tu poder a esta generación, y tu fuerza a todas las generaciones venideras».** (Salmo 71:17-18) Neh'enah.

26

¡Por Qué Dios Elige Ponerte a Prueba de Esa Manera!

«Porque como descienden de los cielos la lluvia y la nieve, y no vuelven allá sin haber empapado la tierra, haciéndola germinar y producir, dando semilla al que siembra y pan al que come, así será mi palabra que sale de mi boca; no volverá a mí vacía, sino que hará lo que yo quiero, y será prosperada en aquello para que la envié.» (Isaías 55:10, 11)

Cuando el Señor nos pone a prueba, nunca es en vano. Dios obra profundamente en nosotros, utilizando diversos medios para lograr el resultado que Él desea. Cristo se va formando en nosotros cada vez más a medida que permitimos que su Espíritu Santo realice esta poderosa obra de gracia. La prueba puede durar todo el tiempo que Dios la necesite, para nuestro beneficio y para transformarnos a su imagen.

La Disciplina del Espíritu Santo

Nadie comprende la mente de Dios como el Espíritu Santo. De hecho, la mente de Dios es el Espíritu de Dios. Es el Espíritu que mora en nosotros quien constantemente guía nuestras vidas hacia ciertos lugares, personas y circunstancias que plantean los desafíos más importantes.

Algo que todo siervo de Jesús debe comprender profundamente es que el Espíritu Santo siempre lo guiará hacia situaciones que pondrán a prueba su carácter y fortalecerán su fe para que dé mayor fruto.

Durante el dolor, las quejas o la angustia, quizás no se dé cuenta de lo que sucede a su alrededor, pero tenga la seguridad de que Dios tiene su vida entera en la palma de su mano. Escuche la promesa: **«En las palmas de mis manos te he grabado; tus muros están siempre en mi presencia»**

(Isaías 49:16).

Si Dios está poniendo a prueba tu vida, es una clara señal de que desea profundamente llevarte a un lugar donde se sienta complacido contigo. Nunca malinterpretes el propósito de las pruebas que Dios te pone.

¡Él Lo Sabe Todo!

Dios sabe exactamente qué nos atormenta; ve aquello que nos domina; reconoce lo que obstaculiza nuestro progreso. Con su amorosa misericordia y gracia, nos guía por el camino que nos libera de la miseria en la que nos encontramos.

El dolor que sentimos cuando Dios obra en nosotros es simplemente el proceso de ser arrancados de una vida de pecado, transigencia y extravío. Dios desea eliminar todo aquello que se ha convertido en un ídolo en nuestras vidas. Este proceso puede ser sumamente doloroso.

La próxima vez que enfrentes la adversidad, antes de culpar a otros, antes de someterte a interminables terapias y antes de expulsar demonios de tu vida, hazte esta pregunta sincera: ¿Hay rebeldía en mi vida?

Si la hay, entonces sabes exactamente quién te está poniendo a prueba: Neh'enah.

27

¡Quítate del Medio!

«Y sucedió que, cuando los sacerdotes salieron del lugar santo, la nube llenó la casa del Señor, de manera que los sacerdotes no pudieron continuar ministrando a causa de la nube; porque la gloria del Señor llenó la casa del Señor.» (1 Reyes 8:10, 11)

¡Guau! ¿Has leído estos versículos? ¡Qué testimonio tan impactante! La gloria de Dios se reveló, y los sacerdotes ya no pudieron continuar su servicio en el templo. Dice que **«la gloria del Señor llenó la casa del Señor»**.

¿Qué crees que causó esto y por qué? ¿Estaban los sacerdotes ofreciendo sacrificios y realizando sus tareas diarias en el templo cuando, de repente, apareció una nube mientras oraban y servían? Parece que sí.

El Principio de Esperar en Su Gloria y Su Poder

Esto es lo que creo que el Señor quiere enseñarnos en estos versículos: una lección sencilla pero poderosa.

En nuestro día a día, solemos actuar por inercia, viviendo casi inconscientemente. ¿Acaso no es cierto? Rara vez hacemos cambios significativos en nuestra vida, carrera, negocio o ministerio, a menos que nos enfrentemos a un obstáculo, una crisis o un propósito de Año Nuevo. Así es como vive la mayoría de la gente su día a día.

Ahora bien, si deseas ver un cambio y quieres darle emoción a tu estilo de vida, invita la gloria de Dios a tu situación. Al presentarle tu petición al Señor, ¡prepárate para una experiencia inolvidable!

Cuando lo invocamos y esperamos con un corazón ferviente, el Señor mismo vendrá y nos llenará de su gloria.

¿Y Cuando Llegue Su Gloria?

Cuando finalmente se manifieste su gloria y su Espíritu descienda sobre ti, ¿qué debes hacer? Para empezar, ¡sal del templo!

Su gloria tiene como propósito transformar nuestra perspectiva sobre la vida, las personas, el trabajo, nuestro ministerio y nuestros negocios. Busca apartarnos del camino y colocarnos donde fluyen sus ríos; pretende llevarnos de una perspectiva terrenal a otra espiritual.

También noté en los versículos mencionados que los sacerdotes no se quejaban ni protestaban. Nadie decía: "¿De dónde salió este humo tan feo?", "¿Por qué tenemos que dejar nuestro ministerio?", o "¡Ni siquiera hemos llegado a los cantos de adoración!".

Cuando Él llegue, debemos prepararnos para el viento del cambio. Nuestra actitud debe ser como la de alguien que navega en un bote pequeño: "El viento está arreciando, así que icemos las velas y dejemos que este viento favorable nos lleve a toda velocidad".

Todo cambio comienza con su gloria. Cuando invitamos a Su gloria al templo, ¡Su poder nos seguirá! Neh'enah.

28

¿Por Qué Caminar Cuando Puedes Volar?

"¿Acaso no lo sabes?
¿Acaso no lo has oído?
El Dios eterno, el Señor,
el Creador de los confines de la tierra,
no se cansa ni se fatiga.
Su entendimiento es inescrutable.
Él da poder al débil,
y fortalece al que no tiene fuerzas.
Aun los jóvenes se cansan y se fatigan,
y los muchachos tropiezan y caen,
pero los que esperan en el Señor
renovarán sus fuerzas;
se remontarán con alas como de águila,
correrán y no se cansarán,
caminarán y no se fatigarán. (Isaías 40:28-31)

¡Qué momento fantástico para estar vivo y lleno de ilusión por el año que viene! El Año Nuevo ha comenzado, traído consigo grandes esperanzas, promesas, metas y nuevos proyectos. ¿Ya hiciste tus propósitos, estableciste tus nuevas metas y te entusiasman todas las posibilidades? ¡A mí sí!

Al reflexionar sobre las metas y los desafíos del año pasado, comencé a pensar más profundamente sobre nuestros ciclos de vida y cómo experimentamos tanto los buenos como los malos momentos. Nuestras circunstancias pueden cambiar, pero nuestra determinación para seguir adelante siempre debe mantenerse firme.

Hay cosas que sucedieron este año que puedo explicar; sin embargo, hay cosas a mi alrededor que no puedo. En medio de todo esto, estoy siendo puesto a prueba y demostrando mi valía. Soy consciente de la obra del Señor en mí y a mi alrededor. Algunas cosas me encantaron, y otras preferiría no repetirlas. Sin embargo, como dijo una vez uno de mis mentores al enfrentar dificultades e innumerables adversidades en la vida: «¿Y qué? ¡Debo levantarme y hacer lo que tengo que hacer!».

Nuestras vidas cambian y evolucionan cada día, seamos conscientes de ello o no. Una transformación constante ocurre tanto dentro como fuera de nosotros. Necesitamos comprender esto.

Ahora bien, he aquí otro punto importante que debemos entender, como lo expresa bellamente el autor del libro de Hebreos: «**Recuerden a sus líderes y autoridades, pues ellos les trajeron la Palabra de Dios. Observen atentamente su manera de vivir (el resultado de una vida bien vivida) e imiten su fe (la convicción de que Dios existe y es el Creador y Soberano de todas las cosas, el Proveedor y Dador de la salvación eterna por medio de Cristo, y su plena confianza en Dios, con absoluta fe en su poder, sabiduría y bondad). Jesucristo (el Mesías) es el mismo, ayer, hoy y por los siglos de los siglos.**» (Hebreos 13:7-8 NVI)

Las personas, las situaciones y las circunstancias pueden cambiar, ¡pero Jesucristo permanece inmutable! Él nunca cambia; siempre puedes confiar en Él.

Los logros y reveses del año pasado probablemente cumplieron su propósito, ya fuera positivo o negativo. Sin importar cómo nos afectaron emocionalmente, mentalmente, espiritualmente o físicamente, debemos seguir adelante rápidamente y volver a abrir nuestros corazones a Jesucristo, ¡quien nunca cambia!

Como dice la Escritura mencionada anteriormente: «**Los que esperan en**

el Señor...», esto indica que algunos, no todos, esperarán en el Señor. Quienes lo hagan renovarán sus fuerzas, mientras que quienes no, se debilitarán y caerán.

Al comenzar un nuevo año, te animo a dirigir tu afecto hacia las cosas celestiales en lugar de las terrenales; te invito a confiar en el Señor y renovar tus fuerzas para que puedas volar como las águilas.

Respecto al pasado o a las cosas que no pudiste o no quisiste hacer, aprende de ellas y sigue adelante. ¡Recibe un nuevo día con entusiasmo! Como mencioné en el título: «¿Para qué caminar, cuando puedes volar? Neh'en-ah.

29

¡La Unción de Bernabé!
Conexiones en el Reino

"Cuando Saulo llegó a Jerusalén, intentó unirse a los discípulos; pero todos le tenían miedo y no creían que fuera uno de ellos. Entonces Bernabé lo tomó y lo llevó ante los apóstoles. Allí les contó cómo había visto al Señor en el camino, cómo le había hablado y cómo había predicado con valentía en Damasco en el nombre de Jesús." (Hechos 9:26-27)

Me encanta este testimonio de cómo Saulo de Tarso, justo después de su conversión a Cristo, no pudo unirse a los discípulos de Jesús porque le tenían miedo.

Estoy seguro de que los discípulos decían entre sí: «¡Imposible que Saulo se haya salvado!». Al fin y al cabo, conocían a Saulo de sus años de maldad y persecución contra los cristianos. Sabían de su celo por perseguir a la iglesia y, por no mencionar, que había metido a muchos en la cárcel.

¿Te suena familiar? ¿Cómo puede alguien tan malvado estar ahora alabando al Señor Jesucristo en la comunidad cristiana? Los que creemos sabemos que en Cristo todo se renueva, pero...

Aunque Saulo tuvo una conversión milagrosa, los seguidores de Cristo necesitaban más; necesitaban a alguien en quien confiar antes de aceptarlo plenamente en la fe.

Amigos, aquí es donde las redes de contactos juegan un papel crucial. Las redes de contactos buscan construir puentes para apoyar el crecimiento de los demás. Sin Bernabé, Saulo se habría quedado al margen del movimiento del Señor en su época.

Al leer la Biblia y aprender sobre la historia de los Hechos de los Apóstoles, me asombra cómo Dios orquestó todo. Pero si no conociera esta historia y viviera en la época de Saulo de Tarso, ¿confiaría en él sin que nadie lo respaldara? Probablemente no. De hecho, ¡sé que no lo haría!

Una vez escuché a un hombre decir: «Nadie triunfa solo». Esto no era una afirmación religiosa, sino una verdad práctica que impulsa el progreso en cualquier ámbito de la vida. ¿Cuántas personas como Bernabé has conocido en tu vida?

Mira dónde estás: ¡todo fue porque alguien te conmovió, te impulsó, te desafió o simplemente te lanzó a ello! ¿Has sido un «Bernabé» para alguien?

¿A cuántas personas has desafiado o acompañado para que experimentaran una mayor revelación o aprovecharan una mejor oportunidad de crecimiento?

Creo que, al perseverar con el Señor, nuestros corazones se volverán más conscientes de esta unción de Bernabé. Pronto veremos que no podemos servir eficazmente a Jesús solos. Necesitamos a otros en nuestras vidas para que todo esto suceda. Juntos, con las personas adecuadas, podemos alcanzar todo lo que Dios ha planeado para nosotros.

Aquí hay dos cosas para considerar y reflexionar profundamente: 1) reconocer cómo otros nos han ayudado en el camino, y 2) ¿estamos haciendo lo mismo por los demás? Neh'enah.

30

¡Desprendidos! Parte 1

«No amen ni aprecien al mundo ni las cosas que hay en el mundo. Si alguien ama al mundo, no ama al Padre.» (1 Juan 2:15 AMP)

En este pasaje bíblico al que me refiero, los lexicógrafos definen la palabra «*mundo*» [del griego κουσμος (kosmos)] como el orden mundano separado de Dios, que se rebeló contra Él y fue condenado tanto por la naturaleza como por las acciones impías.

El discípulo amado Juan nos guía al corazón de Dios y nos revela su consejo: no amar ni apegarnos al mundo ni a sus posesiones. ¿Acaso esto necesita más explicación? Probablemente no, pero pensemos por qué Juan se tomó la molestia de mencionarlo.

Creo que a lo que Juan se refiere aquí es muy diferente de lo que hemos escuchado predicar, enseñar o mencionar en muchos púlpitos hoy en día. La gente tiende a juzgar por las apariencias y a emitir juicios precipitados. La mayoría no tiene idea de lo que realmente significa un «orden o sistema mundano».

Recuerdo el día en que un amigo me contó que en cierta iglesia los ujieres llevaban cintas métricas para asegurarse de que las faldas de las hermanas quedaran a seis pulgadas por debajo de la rodilla. No digo que eso sea algo malo, pero sí creo que la "mundanidad" es más que minifaldas y tatuajes.

El Espíritu del Anticristo es Un Sistema Mundano

El mundo, como mencioné en mi devocional de hoy, es un sistema corrupto. Es un mundo que profana todo lo santo y divino. Promueve la rebelión y se exalta a sí mismo por encima de la mente de Cristo. Si te encuentras teniendo pensamientos malsanos o priorizándote a ti mismo en lugar de a Cristo, podrías ser tan mundano como cualquiera.

Ahora bien, ¿podrías decir: «Pastor Dave, ¡entregué mi vida a Jesús hace diez años!»? ¿Y qué? ¡Judas siguió a Jesús cara a cara durante tres años y, al final, lo traicionó! No me digas que tu etiqueta de «cristiano» te va a proteger del sistema mundano que busca destruirte.

El «mundo», como lo usa Juan, es un sistema que constantemente intenta captar tu atención, atraparte, controlarte y luego destruirte. El creyente debe permanecer siempre sobrio y alerta para reconocer cuándo la contaminación está cerca.

El Cristiano Comienza Lentamente a Enfriarse

Quien declara a Jesucristo como Señor no está exento de apartarse de Él. Quizás creas que jamás traicionarás a Cristo; quizás te digas a ti mismo y a los demás: «¡Amo tanto a Dios que jamás me alejaría de Él!». Sin embargo, en tu arrogancia, podrías tropezar.

Nadie se aparta de la fe en un día específico. El alejamiento comienza cuando el espíritu del anticristo empieza a desviarte poco a poco. Se infiltra en tu mente y luego en tu corazón y, finalmente, ¡terminas de nuevo en el mundo del que Cristo te rescató! Sin darte cuenta, te encuentras sin paz ni alegría, lleno de vergüenza.

Toda apostasía comienza gradualmente. El pecado no se comete abiertamente al principio, pero crece a medida que se alberga en la mente. Esto es algo que debemos mantener presente en nuestra conciencia espiritual, y una vez que lo reconocemos, debemos desprendernos de él. Neh'enah.

31

¡Desprendidos! Parte 2

«Porque todo lo que hay en el mundo —los deseos de la carne, los deseos de los ojos y la vanagloria de la vida— no proviene del Padre, sino del mundo. Y el mundo pasa y desaparece, y con él sus deseos prohibidos; pero el que hace la voluntad de Dios permanece para siempre.» (1 Juan 2:16-17 NVI)

Cuando éramos jóvenes creyentes, nuestro pastor siempre enfatizó la importancia de seguir a Jesús. Hablaba en contra del pecado, la desobediencia y todo lo que se oponía al evangelio del reino, pero, sobre todo, se centraba en enseñarnos a seguir a Jesús.

En otras palabras, anteponía la voluntad de Dios a la nuestra.

En el *Movimiento de Santidad*, muchos buscaban una vida pura, pero no actuaban para la obra de Dios, lo que resultaba en una vida estancada, una vida que no reflejaba la presencia de Jesús.

Muchos de esos seguidores, en su afán por alcanzar la perfección, terminaron criticándose y destruyéndose unos a otros. Precisamente lo que Pablo advirtió en Gálatas.

El mensaje de santidad es una declaración: «¡Quiero todo lo que Jesús tiene para mí!». No se trata solo de vencer el pecado, sino también de participar en la cosecha a la que Jesús nos llamó.

El Señor nos llama a purificarnos de nuestra naturaleza pecaminosa y a perfeccionarnos en santidad, haciendo su voluntad al transformar vidas para Él. Recuerdo que, en mis inicios caminando con Jesús, había un him no en particular que me conmovió profundamente y que aún hoy me hace enamorarme de Él una y otra vez.

Fijad vuestros ojos en Jesús
contemplad plenamente su rostro maravilloso
y las cosas de la tierra palidecerán extrañamente
ante la luz de su gloria y gracia.

Fijad vuestros ojos en Jesús
contemplad plenamente su rostro maravilloso
y las cosas de la tierra palidecerán extrañamente
ante la luz de su gloria y gracia.

Mis queridos amigos, despréndanse de las posesiones mundanas. Centrad vuestros corazones en las cosas de arriba, como Pablo claramente afirma en Colosenses 3. Seguid la voluntad de Dios; revestíos de Cristo, y las cosas de la tierra se desvanecerán ante la luz de su gloria y gracia. Neh'enah.

32

¡Cuando Dios Detiene Tu Fiesta!

David reunió de nuevo a los treinta mil hombres escogidos de Israel. Luego, partió con todo el pueblo que lo acompañaba desde Baal de Judá para traer de allí el arca de Dios, cuyo nombre es invocado por el Nombre, el Señor de los Ejércitos, que habita entre los querubines. Colocaron el arca de Dios sobre una carreta nueva y la sacaron de la casa de Abinadab, que estaba en la colina. Uza y Ahío, hijos de Abinadab, guiaban la carreta. La sacaron de la casa de Abinadab, que estaba en la colina, acompañando el arca de Dios; Ahío iba delante del arca. Entonces David y todo el pueblo de Israel cantaron música delante del Señor con toda clase de instrumentos de madera de abeto: arpas, instrumentos de cuerda, panderetas, sistros y címbalos. Al llegar a la era de Nacón, Uza extendió su mano hacia el arca de Dios y la llevó en volandas. «¡Agárrense fuerte!, porque los bueyes tropezaron. Entonces se encendió la ira del Señor contra Uza, y Dios lo hirió allí por su error; y murió allí junto al arca de Dios. Y David se enojó por el arrebato del Señor contra Uza; y llamó a aquel lugar Pérez Uza hasta el día de hoy.» (2 Samuel 6:1-8)

¿Alguna vez te has fijado en esta poderosa historia de la Biblia, la de David trayendo el Arca de la Alianza de vuelta a Jerusalén? Es un testimonio del orden divino del Señor en asuntos concernientes a su voluntad.

Creo que Dios quería que el Arca de la Alianza estuviera en Jerusalén; creo que puso este deseo en el corazón de David, y David estaba decidido a traerla de vuelta. No es que no fuera la voluntad de Dios obtenerla, sino que la reverencia con la que fue traída de vuelta tenía todo que ver con cumplir la voluntad de Dios a su manera.

Respecto a la voluntad de Dios en esta historia, Dios ya había elegido a los únicos que llevarían este objeto sagrado. No todos en el campamento tenían permitido cargarlo ni tocarlo. Escucha esto: «**Cuando Aarón y sus hijos hayan terminado de cubrir el santuario y todos sus utensilios, cuando el campamento esté listo para partir, entonces vendrán los hijos de Coat a llevarlos; pero no tocarán nada santo, para que no mueran**» (Números 4:15).

Dios había dado órdenes específicas sobre quién debía cubrir los muebles y quiénes serían los únicos en cargarlos. Al parecer, esta orden divina fue ignorada, ¡y sucedió lo obvio! ¡Alguien tuvo que morir para que la fiesta terminara!

Dios ama la adoración —entiéndanme—, pero el orden divino siempre debe ser la norma para todos los seguidores de Cristo. Nuestras vidas y ministerios están llenos de cantos, bailes y aplausos, pero carecen de orden divino. Es decir, ¿de qué sirve cantar en el nombre del Señor si tu vida está fuera del orden de Dios? Piénsenlo.

Esto es lo que he aprendido de mi propia vida sobre esta revelación: hay razones por las que el juicio llega a nosotros y nos detiene temporalmente. También quiero señalar que las cosas no suceden de la noche a la mañana; hay un declive espiritual que, eventualmente, conduce al juicio. Esta es la secuencia de ese declive y cómo se desarrolla en nuestros corazones.

1. Frívolo/a – El término «frívolo/a» describe la actitud desdeñosa, irrespetuosa, superficial o carente de seriedad. La frivolidad comienza cuando alguien pierde la conexión con Dios. Una vez que nuestra vida de oración se enfría o dejamos de lado la Palabra de Dios, puede infiltrarse un espíritu de frivolidad. Empezamos a bajar nuestros estándares y, de repente, nos volvemos menos serios respecto de lo que antes considerábamos sagrado y divino.

2. Descuido: Se define como no prestar suficiente atención a lo que uno hace. Una vez que algo pierde importancia, empezamos a descuidar aquello que antes valorábamos. Seguimos atentos, pero ya no es nuestra prioridad.

3. Negligencia o descuido – Por último, tenemos la palabra "negligencia". Una persona negligente es aquella que presta poca o ninguna atención a algo o lo ignora por completo. Cuando una persona se vuelve frívola y descuidada con sus responsabilidades, la negligencia resulta inevitable. Creo que esto es lo que le sucedió al rey David. ¡Todos podemos centrarnos en lo externo y terminar descuidando lo interno!

Esto es lo que creo que a veces les sucede a todas las personas verdaderamente fieles que buscan a Dios. Alinear nuestras vidas para agradar a Dios no es tarea fácil. Hay una conciencia constante que siempre debe estar activa de nuestra parte. Neh'enah.

33

¿Cuál Es La Primera Necesidad de Tu Alma?

El Espíritu de Dios vino sobre Azarías, hijo de Oded. Salió al encuentro de Asa y le dijo: «Escúchame, Asa, y todo Judá y Benjamín: el Señor está contigo mientras tú estés con él. Si lo buscas, lo encontrarás; pero si lo abandonas, él te abandonará». (2 Crónicas 15:1, 2)

Los hechos de Asa, desde el principio hasta el fin, están escritos en el Libro de los Reyes de Judá e Israel. En el año treinta y nueve de su reinado, Asa enfermó de los pies, y su enfermedad se agravó; sin embargo, durante su enfermedad no buscó al Señor, sino que se apoyó en los médicos. Y Asa murió en el año cuarenta y uno de su reinado. (2 Crónicas 16:11-13)

¿Alguna vez has estado en un lugar donde, en lo más profundo de tu ser, sentiste que algo faltaba? Algo que trasciende la lógica y el orden natural (como el estatus, la reputación, la estabilidad financiera o el gran éxito), pero sabías que lo que antes estaba allí ya no estaba. ¿Qué es esta emoción y qué revela sobre el espíritu humano?

La incomodidad de este sentimiento surge cuando la Fuente de la Vida (Jesús, el Señor) deja de proveer agua fresca y una sed insaciable comienza a consumirte.

Si ignoras esta emoción, la tentación será reemplazarla por otra cosa. Muchos que han caminado con el Señor han experimentado esta tristeza, pero cierta realidad. La abrumadora sensación de oscuridad y soledad que surge cuando la Fuente deja de producir la frescura de la vida en tu interior; sin duda, entonces debes tomar una decisión.

Vida o Muerte: Es Mi Decisión

Muchos han pasado por esto en su caminar con Dios, y si aún no lo has experimentado, ¡lo harás! Es inevitable enfrentar la rebeldía de nuestra vieja naturaleza, que intenta tomar el control y recuperar el terreno perdido por quienes caminan en el poder del Espíritu Santo.

¡La decisión es tuya! Puedes decidir vivir según el Espíritu de Dios y tener éxito, o caerás en los deseos carnales y, finalmente, enfrentarás decadencia y corrupción espiritual. ¡Todos pasaremos por esto!

Cómo Lidiar con La Indiferencia

El pasaje bíblico al que me referí habla del profeta Azarías. Este hombre de Dios vino a animar y exhortar al rey Asa. Básicamente le dijo que, si hacía de Jehová la pasión de su vida y la prioridad de su alma, Dios lo encontraría en cada paso. Le garantizó la victoria si siempre buscaba al Señor. ¡Qué promesa! ¡Qué garantía!

No estoy seguro de qué sucedió exactamente ni cuándo, pero el rey Asa se desvió del camino. En su trigésimo noveno año de reinado, enfermó de los pies. El pasaje bíblico dice que, incluso entonces, no buscó al Señor, sino que confió en sus médicos. ¡Increíble! Murió dos años después, lejos del Señor, creo.

Liderazgo de Dios

¿Qué sucede con nuestro liderazgo? Nuestro liderazgo funciona sin Dios, pero se queda muy corto en su verdadero potencial cuando Él no guía nuestros corazones. Sin importar qué tipo de empresa o ministerio lideres —ya sea una organización, iglesia, negocio, familia o equipo—, tendrías mucha más tranquilidad si reconocieras que el Señor es quien te guía en cada paso.

Quiero dejaros con esta reflexión: Dios siempre exaltará a los humildes y contritos y les abrirá camino; pero si los humildes se vuelven orgullosos y arrogantes, el favor de Dios desaparecerá tan rápido como llegó. Neh'enah.

34

¡La Maravilla de Un Corazón Abierto!

«Una mujer llamada Lidia, originaria de Tiatira, que vendía púrpura y adoraba a Dios, nos escuchó. El Señor le abrió el corazón para que prestara atención a lo que Pablo decía. Y cuando ella y su familia fueron bautizados...» (Hechos 16:14-15a)

Mientras meditaba en este pasaje de las Escrituras y recordaba la visita de Pablo a Filipos, el Espíritu Santo me recordó, una vez más, que Dios nos usará como instrumentos dondequiera que vayamos.

Pablo y su grupo asistieron a una reunión de oración junto al río, donde algunas mujeres se habían reunido para orar. Fue allí donde Pablo conoció a Lidia. Pudo haber conocido a otras personas, pero por alguna razón, Lidia destacó. ¿Por qué? Destacó porque tenía el corazón abierto y prestaba atención a lo que decía Pablo. ¡Eso marcó la diferencia!

Muchos han venido «en el nombre del Señor», pero no han logrado abrir sus corazones a su verdadero propósito. Este es el verdadero problema en nuestro mundo religioso, el cristianismo. Solemos fallar al aceptar que la gente simplemente «aparece» en una reunión, en lugar de abrir genuinamente sus corazones para comprender la sabiduría de Dios para sus vidas.

¿Has abierto tu corazón al Espíritu de Dios últimamente? ¿Qué te está diciendo? ¿Sientes alguna inspiración en el ambiente de la iglesia, en las reuniones de oración o al leer la Biblia en casa? ¡Todo acerca de Dios depende de tener un corazón abierto a Él!

Esto es lo que he aprendido cuando mi corazón se ha abierto a Dios y he escuchado las palabras dirigidas a mi espíritu.

1. Revelación. El Espíritu de revelación, o una mayor revelación sobre la persona de Jesucristo, crece en mí. Soy vivificado y consciente de Su conocimiento y de lo que Él realmente espera de mí. Es una experiencia gloriosa abrir nuestro corazón a Dios y prestar atención a lo que nos dice.

2. Frescura. Una frescura en mi espíritu me invade cuando Dios visita mi corazón abierto. Esta frescura es como un vaso de agua fresca para un alma cansada en tierra árida y sedienta. La aridez se produce cuando la carne controla nuestro proceso de toma de decisiones. El ministerio, el trabajo, el servicio, la ayuda, la evangelización y muchas otras buenas obras son los culpables de resecar nuestras almas. Por eso es necesaria la frescura.

3. La voluntad de Dios reavivada. Cuando nos absorbemos en nosotros mismos, en nuestro ministerio, en nuestro trabajo o en nuestros negocios, tendemos a creer que esta es la única manera de vivir. Lo que quizás no comprendamos es que estas cosas, por valiosas que sean, pueden convertirse en obstáculos para experimentar la voluntad fresca y reveladora de Dios para nosotros.

Para concluir, recuerden: que las cosas parezcan ir bien no significa que Dios esté de acuerdo. Cuando abrimos nuestros corazones a la voz de Dios, descubriremos con mayor plenitud lo que realmente nos está diciendo ahora. Neh'enah.

35

¿Adorarás?

Un día, mientras sus hijos e hijas comían y bebían vino en casa de su hermano mayor, llegó un mensajero a Job y le dijo: «Los bueyes estaban arando y los asnos pastando junto a ellos, cuando los sabeos los atacaron y se los llevaron. Incluso mataron a los criados a filo de espada; ¡solo yo escapé para contártelo!». Mientras Job aún hablaba, llegó otro y dijo: «Cayó fuego de Dios del cielo y quemó las ovejas y a los criados, consumiéndolos por completo; ¡solo yo escapé para contártelo!». Mientras Job aún hablaba, llegó otro y dijo: «Los caldeos formaron tres bandas, atacaron los camellos y se los llevaron; sí, también mataron a los criados a filo de espada; ¡solo yo escapé para contártelo!». Mientras aún hablaba, llegó otro y dijo: «Tus hijos e hijas estaban comiendo y bebiendo vino en casa de su hermano mayor, y de repente vino un gran viento del desierto y azotó las cuatro esquinas de la casa, y cayó sobre los jóvenes, y murieron; ¡y solo yo he escapado para contártelo! Entonces Job se levantó, rasgó su manto y se rapó la cabeza; luego se postró en tierra y adoró. Y dijo: «Desnudo salí del vientre de mi madre, y desnudo volveré allá. El Señor me lo dio, y el Señor me lo quitó; ¡bendito sea el nombre del Señor!» (Job 1:13-21)

Leer la historia de Job ha sido inspirador y a la vez un desafío.

Como nos dice el autor, Job era intachable y recto, y en apariencia, tenía todo bajo control. ¿Qué mal podría sucederle a un hombre que siempre va un paso por delante de los demás? ¿Qué adversidad podría aquejar a un hombre que siempre piensa positivamente? ¿O qué terrible maldad podría sobrevenirle a un hombre tan cercano a Dios que Él mismo lo considera especial?

La vida de Job, tal como se narra en las Escrituras, es un mensaje para los adoradores apasionados de Dios. No es un mensaje para quienes buscan una vida fácil o un camino sin esfuerzo para servir a Jesús. ¡Para nada! El mensaje de Job es para aquellos que desean ser quebrantados, desafiados y reconstruidos de una manera más profunda.

¡Despojado!

Gran parte de lo que se enseña hoy en día en nuestros círculos cristianos rara vez aborda temas como el quebrantamiento, la muerte al egoísmo, vivir en el Espíritu y seguir a Jesús con devoción sincera. Para algunos, "andar en el Espíritu" significa una oportunidad para actuar de forma extraña. ¡Me resulta curioso que no se comporten así en público!

Una cosa que sé es que cuando Pablo cayó de su caballo, recuperó la vista y fue lleno del poder de Dios, salió y transformó el mundo. Hoy, tropezamos, nos levantamos y vamos a nuestro restaurante favorito, como un asador, para procesar la experiencia religiosa. ¡¡Qué!? ¡¡Sin acción!? La semana siguiente, volvemos al mismo lugar buscando otra dosis de experiencia espiritual, pero no hay quebrantamiento, no hay acción. ¿Hasta cuándo? ¡Con razón el mundo se burla de la iglesia!

Job era un hombre lleno de bendiciones, con buena reputación y aparentemente responsable en su seguimiento a Jehová. Todo iba bien hasta que... hasta que Dios decidió desatar su fuego en la vida de Job.

El hombre que una vez fue respetado por todos ahora lo está perdiendo todo: su ganado, sus sirvientes, sus hijos... ¡todo se lo arrebata la poderosa mano del Señor! No sé ustedes, pero esta es una dura prueba en la vida de Job. ¿Cuánto puede soportar un hombre? Quizás se sorprendan.

¿Adorarás?

Una vez que lo perdió todo, Job aún tenía que elegir. Su entorno era diferente, su chequera estaba vacía, le habían robado el ganado, sus queridos hijos se habían ido; ¡lo había perdido todo! ¿Qué le quedaba a Job? Un pequeño fuego en su espíritu que se negaba a extinguirse por las circunstancias externas.

Escuchen los últimos versículos de este capítulo: "**Entonces Job se levantó, rasgó su manto, se rapó la cabeza, se postró en tierra y adoró. Y dijo: «Desnudo salí del vientre de mi madre, y desnudo volveré allá. El Señor me lo dio, y el Señor me lo quitó; ¡bendito sea el nombre del Señor!».**

Aunque Job estaba quebrantado y destrozado, ¡permaneció firme! Job se vio obligado a reevaluar todo lo que tenía: su fe, sus posesiones materiales, su vocación y cada circunstancia que lo rodeaba en ese momento. A pesar de todo, ¡Job continuó adorando!

Una Filosofía de Vida Más Profunda

«Desnudo salí del vientre de mi madre, y desnudo volveré allá. El Señor me lo dio, y el Señor me lo quitó; bendito sea el nombre del Señor.» (Job 1:21)

He oído a gente citar este pasaje cuando atraviesan momentos difíciles; la única diferencia es que no han pasado por lo que Job experimentó. Quizás hayan perdido algunas cosas, pero aún conservan sus posesiones, familia y contactos. ¡Job lo perdió todo! ¡Absolutamente todo!

Cuando Job dijo esto, ¡lo decía en serio! Job comprendía que todo proviene de Dios. No estaba obsesionado con el materialismo. ¡No le preocupaba la reputación! No le importaba lo que pensaran los demás. ¡Sabía que la fuente de su futuro era Dios! Simplemente se encomendó fielmente a Aquel que, al final, pudo librarlo. Neh'enah.

36

¿Estás Retapizando el Titanic?

«Cuídense unos a otros para que ninguno de ustedes deje de recibir la gracia de Dios. Tengan cuidado de que ninguna raíz venenosa de amargura crezca y les cause problemas, corrompiendo a muchos.» (Hebreos 12:15)

Hace poco me topé con este pasaje bíblico cuando tuve la oportunidad de reunirme con unos amigos para hablar sobre un problema que tenía con un querido hermano. Él quería compartir su situación y abrir su corazón para recibir consejo, a la vez que buscaba alinearse con la voluntad de Dios. Fue una reunión muy interesante, por decir lo menos.

El Mundo de Una Persona Fluye Desde el Corazón.

Siempre he creído, y así me lo enseñaron desde pequeño, que todos los problemas de la vida tienen su origen en el corazón. Esto es lo que dice el libro de Proverbios al respecto:

«Sobre toda cosa guardada, guarda tu corazón; porque de él mana la vida.» (Proverbios 4:23 - NVI)

«Ten cuidado con tus pensamientos; de ellos mana la vida.» (Proverbios 4:23 - NVI)

«Sobre toda cosa guardada, guarda tu corazón; porque de él mana la vida.» (Proverbios 4:23 - NVI)

Mientras escuchaba a mi querido hermano hablar y compartir sus sentimientos con nosotros, sentí de inmediato que el Espíritu Santo me decía:

«¡Está amargado! ¡Muy amargado!». Tras escuchar la voz de Dios, comprendí que el hombre estaba consumido por el resentimiento, lo cual lo había llevado a la amargura y el odio.

Otros me dieron consejos al ver el dolor de este querido hermano. Sabía que se había estado escondiendo tras enseñanzas y sermones cristianos superficiales que solo afectan la mente, no el corazón. Mientras escuchaba a los demás, sentí una profunda indignación y hablé. Dije: «Hermano mío, tienes un problema grave que te tiene atrapado: la falta de perdón, que ha llenado tu alma de amargura». Debes arrepentirte y volverte a Dios para que te sane y restaure tu vida. Entonces tendrás una mejor perspectiva de la vida. Nada cambiará a tu alrededor hasta que cambie dentro de ti».

Los presentes me miraron como si estuviera loco o como si viniera de otro planeta.

¡No Puedes Arreglar las Externas Hasta que se Arreglen Las Internas!

Algo que observo cada vez con más frecuencia en nuestras iglesias hoy en día es lo siguiente: la gente intenta solucionar sus problemas de pecado con buenas ideas filosóficas. La psicología no puede solucionar un problema de pecado. Puede que funcione, pero solo una vez que la persona haya sido restaurada a su lugar original en Dios. De lo contrario, ¡es como ponerle tapicería nueva al Titanic!

Recordemos que el mundo cayó bajo una maldición debido al pecado de desobediencia. La desobediencia trajo vergüenza, dolor y culpa al hombre, con los que ahora se enfrenta. Causó la separación de Dios y lo dejó a su suerte.

La raíz de los innumerables problemas del hombre es su egoísmo: desea controlar su propia vida y tiene una pasión por saber lo que no sabe ni puede saber. A menos que el hombre vuelva a Dios, aceptando el plan de redención de Cristo, seguirá vagando en el dolor y la desesperación.

El egoísmo es el veneno que nos destruye a todos. Este hermano del que les he estado hablando necesita primero recibir el perdón de Dios, luego perdonarse a sí mismo, después perdonar a quienes le han hecho daño y, finalmente, orar por las personas (sus enemigos) a quienes odia; sí, en ese orden.

Nunca he sido partidario de las soluciones rápidas, pero esta garantiza resultados si se aborda con humildad y un corazón contrito. No soy consejero ni médico titulado, pero creo sinceramente que esta «fórmula» resolverá el problema más rápido que cualquier medicamento para la depresión o terapia que pueda estar recibiendo. Neh'enah.

37

¡Para Morirse!

«Y ahora, miren, voy a Jerusalén atado por el Espíritu, sin saber lo que allí me sucederá; salvo que el Espíritu Santo me advierte en cada ciudad que me esperan prisiones y tribulaciones. Pero nada de esto me preocupa, ni considero preciosa mi vida para mí mismo, con tal de que termine mi carrera con gozo, y el ministerio que recibí del Señor Jesús, para dar testimonio del evangelio de la gracia de Dios.» (Hechos 20:22-24)

Cuando reflexiono sobre el propósito y la visión que subyacen a la filosofía de un hombre, también me cuestiono la pasión y el fervor que impulsan su disposición a perseguir su plan a cualquier precio. En algunos casos, la gente literalmente muere por su causa.

Ahora bien, también me he topado con muchas personas que afirman tener una gran visión y un propósito firme: convertirse en agentes de cambio, transformadores del mundo, si se quiere, y contribuir de manera significativa a la sociedad y al mundo en general. Sin embargo, a menudo nunca lo logran. Estoy seguro de que existen muchas razones por las que algunos contribuyen enormemente, mientras que otros jamás alcanzan ese ansiado nivel de impacto.

Quiero compartir algunas reflexiones mientras continuamos persiguiendo nuestro sueño y cumpliendo aquello que creemos que Dios ha puesto en nuestros corazones.

Clave 1: Una cosa es segura: ¡una persona visionaria debe tener una visión que trascienda la vida misma! ¡Su visión debe ser mucho más amplia que su situación actual! La visión no es solo una colección de ideas recopiladas al leer una revista o asistir a una conferencia o seminario; no, señor, la visión es la capacidad de ver con los ojos del corazón. Imagina una imagen tan vívida que te estrese. En el espíritu reina la paz perfecta, pero en el plano físico hay una inquietud que te estresa y te mantiene despierto.

Clave 2: Otro principio importante respecto a la visión es que suele ser precisamente lo que te mantiene enfocado y preciso en tus proyectos. Con visión, sabrás dónde invertir tu tiempo, dinero y esfuerzo. Sin la capacidad de ver, intentarás abarcar demasiado sin éxito; te convertirás en un "cazador de conejos" que nunca atrapa ninguno, ¡un "aprendiz de todo, maestro de nada"! He conocido a demasiadas personas que viven a merced de los demás. ¡Han puesto todo su futuro en manos de otra persona!

Clave 3: Esta clave podría ser la verdadera motivación detrás de los grandes logros. ¿Estás dispuesto a dar la vida por tu visión? ¿Estás dispuesto a luchar hasta el final por el sueño que Dios te ha dado? Creo que esta es la principal diferencia entre la mayoría de los aspirantes a visionarios y los demás; algunos morirán por ello, y otros se rendirán. Algo que he notado en las personas apasionadas es: ¡alcanzarán su meta o morirán en el intento! ¿Qué tan cerca estás de hacer esto por tu propia visión?

Para concluir, quiero decir que el apóstol Pablo amaba a Jesús y lo demostró con su sincera obediencia al Señor, una obediencia que lo conmovió profundamente y lo impulsó a seguir adelante camino a Damasco. No se limitaba a hablar de espiritualidad, a hacer confesiones vacías ni a intentar impresionar a sus compañeros cristianos. Escuchen esto: «**Entonces Pablo respondió: "¿Qué quieren decir con llorar y quebrantar mi corazón? Estoy dispuesto no solo a ser encarcelado, sino también a morir en Jerusalén por el nombre del Señor Jesús"**» (Hechos 21:13).

Pablo creía en el evangelio de Jesucristo; vivió como alguien en deuda con el evangelio; sufrió enormemente por el evangelio de Jesucristo y, fi nalmente, ¡este gran hombre de Dios, Pablo, murió literalmente por el evangelio de Jesucristo!

Escuchen el sentir de Pablo: «**Por esto sufro así. Sin embargo, no me avergüenzo; Porque conozco a Aquel en quien he creído, y estoy convencido de que es poderoso para guardar lo que le he encomendado hasta aquel día.** (2 Timoteo 1:12 AMP) Neh'enah.

38

¡Cuando Dios Juega a Las Damas!

"Mira, avanzo, pero Él no está allí; retrocedo, pero no lo percibo.
Cuando trabaja a mi izquierda, no lo veo;
Cuando se vuelve a mi derecha, no lo veo.
Pero Él conoce el camino que recorro;
Cuando me haya probado, saldré como oro." (Job 23:8-10)

Una vez oí a un hombre preguntar: "¿Quién me pone a prueba? ¿Dios o el diablo?". Otro se levantó y respondió: "En realidad, no importa quién te ponga a prueba; lo que importa es cómo reaccionas ante las pruebas de tu vida".

Debo decir que esta es una de las respuestas más sabias que he escuchado en mucho tiempo. Para ponerlo en perspectiva y con cierto equilibrio teológico, Job fue puesto a prueba por el Señor y usó al diablo para hacer el trabajo sucio, si es que se le puede llamar así. Dios confió en Job y le permitió enfrentar la adversidad de diversas maneras.

Sé que hoy en día, con tanta teología superficial sobre el sufrimiento y la adversidad, la gente tiende a creer que todo lo malo proviene de Satanás y todo lo bueno, del Señor. Aunque parezca lógico, no es cierto.

El Señor es Rey de todo; incluso el diablo está bajo su autoridad. ¡Jamás lo olvides! Al entrar en el reino de Dios, nos convertimos en sus siervos y nos sometemos a la voluntad del Rey. Actualmente soy siervo del Rey Jesús, y nada puede afectar mi vida a menos que mi Rey lo permita. Debo someterme y seguir la visión y el propósito de Dios para mi vida. No hay mejor plan para mi vida que caminar en el orden divino de Dios.

En la historia de Job, Dios lo puso a prueba y permitió que el diablo lo hiciera. Fue una prueba muy difícil y desafiante para Job. Un detalle importante, y una palabra de aliento para quienes enfrentan grandes adversidades: ¡el diablo estaba atado! Podía afectar todo lo externo a la vida de Job, pero no podía dañar su vida interior.

Job tenía esposa y cuatro amigos que le ofrecieron palabras de aliento y sabiduría, pero en vano. Así es como Dios obra en nosotros: nadie puede ayudarnos verdaderamente a alcanzar la comunión con Dios. Solo una revelación de Jesucristo nos llevará a ese lugar al que Dios nos llama.

Mientras Job reflexionaba detenidamente sobre su situación, estaba convencido de que, si solo pudiera encontrar a Dios, podría presentarle su caso. El único problema era que Dios se escondía de él. ¡Job no podía encontrar a Dios por ninguna parte!

En el pasaje bíblico anterior, Job decía esencialmente: «Sé que Dios está obrando a mi alrededor, ¡pero no puedo encontrarlo!». ¿Acaso no nos sentimos así a veces? Nuestras vidas se mueven como fichas en un tablero de ajedrez, ¡y no sabemos dónde ni cuándo será el próximo movimiento!

Entonces Job concluye su reflexión y llega a un punto en el que deja de buscar respuestas, descansa en el Señor y dice: **«Él conoce mi camino; cuando me haya probado, saldré como oro»**.

Tú y yo enfrentaremos muchos desafíos; haremos todo lo posible por encontrar respuestas: culparemos a Satanás, culparemos a Dios, culparemos a nuestros líderes, culparemos a nuestro gobierno, culparemos a todos, y todo será en vano.

Finalmente, llegaremos al punto en que nos asentaremos y reconoceremos que Dios reina sobre nuestras vidas. Él se reserva el derecho de guiarnos de la mejor manera posible. Aquí es donde aprendemos a confiar en Él y a decir con Job: «...cuando me haya probado, saldré como oro». Neh'enah.

39

¡Ocúpate Primero de Algunas Cosas Sencillas!

«¿Acaso ignoráis que sois santuario de Dios y que el Espíritu de Dios mora en vosotros?» (1 Corintios 3:16) *Nuevo Testamento de Weymouth*)

A medida que avanza el año y se cumplen muchas de nuestras metas, a menudo necesitamos un impulso o un ánimo extra para alcanzar el siguiente nivel de logros o de desempeño.

Algo que he notado en aquellos impulsados por una pasión interior es que no se conforman con menos de lo que sus ojos espirituales han visto. Guiados por el Espíritu de Dios, a menudo nos enfrentamos al desafío de un gigante: ¡NOSOTROS MISMOS!

Este es mi verdadero sentir sobre el mayor enemigo al que nos enfrentamos: vive dentro de nosotros veinticuatro horas al día, trescientos sesenta y cinco días al año. Nunca duerme ni descansa, y a menudo espera a que posterguemos, descuidemos o simplemente abandonemos el propósito que Dios nos ha dado.

Sabes perfectamente de quién hablo, sí: de nuestra naturaleza humana, el enemigo interior. Aquel que nos ha estado desafiando desde que entramos en el glorioso reino de Dios.

Sabiendo que nuestra naturaleza humana se opone a todo lo santo y divino, debemos asegurarnos especialmente de atender a lo esencial. Los ejercicios que nos ayudan a vivir con alegría y entusiasmo.

Hay muchas cosas que nos hacen felices, pero solo unas pocas nos entusiasman de verdad a nivel espiritual y nos dan una sensación de logro y progreso.

Cuando hablo de ejercicio, no me refiero a veinte actividades diferentes solo para sentirnos bien. Me refiero a atender tres necesidades básicas:

1. Nuestra vida de oración es la práctica clave para fortalecer tu espíritu. Será la clave para comprender lo que Dios piensa, dice y hace. Si anhelas comprender el corazón de Dios, la oración es el camino para lograrlo.

2. Nuestra vida de estudio. Convertirnos en estudiantes de la vida, leyendo materiales que nos capaciten y nos hagan mejores personas, es fundamental para el desarrollo de nuestra mente y alma. ¡La Palabra de Dios es un libro precioso del que debemos tomar notas! No seamos ignorantes. Debemos seguir entrenando nuestra mente en aquello que nos prepara mejor para los propósitos de Dios. Esta es un área que no podemos descuidar. ¡Lo que ignoramos nos perjudica!

3. Nuestro ejercicio físico. El cuerpo es la única máquina que tenemos. Cada sueño y deseo se vive a través de él. Debemos cuidarlo. Hacer ejercicio al aire libre y dar largos paseos es muy saludable para el sistema cardiovascular y los músculos; sin mencionar el beneficio de liberar el estrés. ¿Te imaginas tener muchos sueños, planes, ambiciones y metas, pero no contar con nadie disponible para hacer realidad esas bendiciones que Dios te ha dado?

Al concluir este capítulo, quiero animarte a levantarte en el nombre del Señor. No importa tu pasado; lo que importa es que te centres en lo esencial a partir de hoy. Deja las complicaciones para los más listos; tus sueños se alcanzan cuidando de lo básico. Neh'enah.

40

Los Sueños:
¡La Manera en Que Dios Elude Tu Intelecto!

«Porque Dios puede hablar de una manera u otra, y el hombre no lo percibe. En sueños, en visiones nocturnas, cuando el sueño profundo cae sobre los hombres, mientras duermen en sus camas, entonces Él abre los oídos de los hombres y sella su instrucción.» (Job 33:14-16)

Al leer este pasaje de las Escrituras, me vienen a la mente muchas experiencias que he tenido con Dios. Una de ellas es cómo me ha guiado en mi vocación y a través de las difíciles etapas de transición de mi vida.

Ahora, mientras escribo esto, también soy muy consciente de que no siempre entendí lo que Dios estaba haciendo. A veces, me sentía más perdida que nunca. El simple hecho de caminar con Dios no implica que siempre percibamos lo que dice y hace. De hecho, Dios puede ser bastante misterioso a veces.

Esto es algo que he aprendido: Dios siempre estará presente en tus momentos cruciales. «Nunca tarde, rara vez temprano, ¡siempre a tiempo!», como decía mi mentor espiritual.

Los Sueños de Dios

Cada sueño que tenemos proviene del Señor. Por más extraño y misterioso que parezca, Dios nos habla con claridad y con fuerza al corazón. Algunos creen que soñamos después de una cena copiosa, y aunque esto puede ser cierto para algunos, la mayoría de nosotros soñamos sueños de Dios.

Los sueños son el lenguaje de Dios en la noche. Él nos habla a través del subconsciente y nos impulsa a buscarlo con fervor. Una vez que sentimos el impulso de descubrir el significado de un sueño, Dios nos presenta a quienes pueden interpretarlo.

¿Porque Un Sueño?

Dios conoce nuestras debilidades y tendencias humanas. Sabe perfectamente que somos seres humanos inteligentes y que, la mayor parte del tiempo, solemos confiar en el razonamiento humano. Por eso, cuando Dios intenta llamar nuestra atención sobre algún tema y realmente necesita que lo entendamos, obvia nuestro razonamiento natural y va directamente a nuestro corazón o a nuestro subconsciente para revelarnos sus deseos. ¿No es asombroso? De esta manera, no tenemos la oportunidad de criticar, juzgar, ignorar, descuidar o rechazar al Mensajero.

Si una persona, como un pastor o un profeta del Señor, nos hablara y nos diera una palabra de Dios muy necesaria, podríamos decirle fácilmente: «De acuerdo, gracias por la palabra; oraré al respecto». ¡Y luego no hacer nada con esa palabra! Sin embargo, cuando Dios nos revela un sueño lleno de instrucción profética, nuestra actitud sería diferente. Nuestros corazones y mentes quedarían cautivados; nos sentiríamos impulsados a meditar en esa poderosa emoción.

Al terminar estas notas, pídele a Dios que te hable primero a través de los sueños. Luego, ora para recibir el don de interpretar los sueños. Cuando Dios comience a enviarte sueños proféticos, anótalos; lleva un diario. Al tomar notas, Dios te ayudará a clarificar tu futuro a través de estos sueños. Una cosa sé con certeza: Dios te hablará si se lo pides. Neh'enah.

41

¡Soldados Bajo Mando! - Parte 1

Entonces ella le dijo: «¿Cómo puedes decir: "Te amo", si tu corazón no está conmigo? Me has engañado tres veces y no me has revelado dónde reside tu gran fuerza». Y sucedió que, como ella lo atormentaba día tras día con sus palabras y lo presionaba hasta la desesperación, él le confesó todo su corazón y le dijo: «Jamás ha pasado navaja por mi cabeza, porque he sido nazareo de Dios desde el vientre de mi madre. Si me rapan, mi fuerza me abandonará, me debilitaré y seré como cualquier otro hombre». (Jueces 16:15-17)

Una de las historias más interesantes que he leído se encuentra en el Libro de los Jueces. Es la historia de Sansón y Dalila. Si nunca la has leído por completo, es una lectura imprescindible para cualquiera que aspire a ser líder, empresario o ministro de la Palabra de Dios.

Si alguna vez has leído el Libro de los Jueces, sabrás que es principalmente un relato histórico de cómo Israel se rebeló contra el Señor tras entrar en la Tierra Prometida. A medida que se adentraban en la tierra, la oposición aumentaba y las batallas se intensificaban. Para entonces, Josué había muerto; el liderazgo divino estaba en su punto más bajo. Cuando falta un liderazgo auténtico y divino, el pueblo tiende a desviarse.

Mientras escribía esto, comencé a pensar en los mentores que he tenido a lo largo de mi vida. He aprendido mucho de todos ellos y estoy profundamente agradecido por todo lo que Dios ha traído a mi vida para ayudarme a crecer y desarrollar mis habilidades. Algunos de mis mentores fueron maravillosos y un testimonio viviente del poder protector de Dios; otros sufrieron pérdidas y fracasos en sus negocios o ministerios. ¡He aprendido de todo!

Josué fue un gran hombre de Dios, y el Señor lo usó para terminar lo que Moisés había comenzado. Sin embargo, parece que Josué no preparó a nadie para liderar después de su muerte. Quizás no debía hacerlo, pero lo más probable es que debiera haber capacitado a alguien y no lo hizo. En cualquier caso, así fueron las cosas. Los hebreos ahora tenían que afrontar los nuevos tiempos: ¡Josué había muerto!

Fue en esta etapa de su conquista cuando los hebreos entraron en batalla, pero como sucede en cualquier guerra, sin un liderazgo adecuado, el progreso se vuelve muy difícil y cumplir cualquier misión es casi imposible.

Muchas tribus de Canaán se resistieron a abandonar la tierra, y los hebreos carecían del liderazgo necesario para expulsarlas. Entonces, ¿cuál fue el resultado? Un acuerdo. Llegaron a un acuerdo con las tribus, y si algo se debe saber, es que cuando hay un acuerdo, se termina haciendo lo que no se debe. Esta fue la situación de los hebreos.

Como toda forma de compromiso, todo tipo de pecados comenzaron a infiltrarse en el campamento hebreo, y Dios se disgustó con todo ello. Fue entonces cuando Dios los entregó a sus enemigos, y comenzó el ciclo de nombrar jueces para guiar a Israel.

El ciclo de pecado y arrepentimiento se convirtió en un patrón repetitivo a lo largo de los años. El patrón era el siguiente: el pueblo pecaba; Dios enviaba un ejército para derrotarlos y llevarlos cautivos; entonces el pueblo de Dios clamaba al Señor arrepentido, y Dios los rescataba nombrando un juez. Una vez liberados, se establecía un nuevo orden. Este ciclo continuaba durante varios años hasta que volvían a pecar. Entonces, todo el proceso comenzaba de nuevo. Era un ciclo interminable.

Para concluir esta primera parte, cabe destacar algunos de los problemas que suelen poner a prueba el liderazgo de un hombre. Siempre se reduce a cuestiones de carácter.

Si eres un líder, forma a otros para que también lo sean. Además, comprende que transigir abrirá las puertas de la impiedad a tu vida. Cualquier ciclo de indulgencia y arrepentimiento te perjudicará a la larga. Neh'enah.

42

¡Soldados Bajo Mando! - Parte 2

Entonces ella le dijo: «¿Cómo puedes decir: "Te amo", si tu corazón no está conmigo? Me has engañado tres veces y no me has revelado dónde reside tu gran fuerza». Y sucedió que, como ella lo atormentaba día tras día con sus palabras y lo presionaba hasta la desesperación, él le confesó todo su corazón y le dijo: «Jamás ha pasado navaja por mi cabeza, porque he sido nazareo de Dios desde el vientre de mi madre. Si me rapan, mi fuerza me abandonará, me debilitaré y seré como cualquier otro hombre». (Jueces 16:15-17)

Sansón, Un Hombre Bajo Mando

Sucedió que Dios escuchó el clamor de los hijos de Israel y levantó a un hombre llamado Sansón. Nació de una mujer estéril, y a sus padres se les ordenó consagrar a su hijo recién nacido, Sansón, al voto nazareo. (Jueces 13:2-5).

En la Biblia hebrea, un nazareo es alguien que voluntariamente hace un voto, como se describe en Números 6:1-21. «Nazareo» proviene de la palabra hebrea ריזנ (nazir), que significa «consagrado» o «separado». Este voto requería que la persona:
- Evite el vino, el vinagre de vino, las uvas, las pasas, las bebidas alcohólicas, el vinagre elaborado con estas y cualquier alimento que contenga trazas de uva.
- Absténgase de cortarse el cabello; déjelo crecer.
- Evite la impureza ritual por contacto con cadáveres o tumbas, incluso las de familiares.

¡La Batalla Interna!

Una de las cosas más fascinantes que aprendí de la vida de Sansón y que realmente admiro es su celo por el Señor. Era evidente que este hombre había sido tocado y elegido por el Señor para su servicio. ¡Estaba poderosamente ungido! Sin embargo, en la vida de Sansón, su verdadera batalla no era externa, sino interna.

Sansón tenía un deseo insaciable por mujeres desconocidas. Su corazón estaba lleno de lujuria, era extremadamente egoísta y tomaba el llamado de Dios a la ligera. Todas estas características crearon la receta para el desastre. Aunque estaba poderosamente ungido, Sansón no caminaba con arrepentimiento de corazón. Era un hombre que se centraba en los dones de poder, pero ignoraba la importancia del desarrollo del carácter a través de la obra de Dios en su interior. Finalmente, llegó el día en que la mayor prueba de su vida hasta entonces se abatió sobre él: Dalila.

¿Fue Culpa de Dalila?

Durante toda mi vida cristiana, he escuchado a maestros, profetas y pastores exhortar a la gente a tener mucho cuidado con la tentación. Repetidamente, estos devotos siervos reprenden, amenazan y enfatizan con vehemencia que huyan de la maldad que los rodea.

En mi opinión, siempre he pensado que, si el problema fuera externo, bastaría con mudarnos a un monasterio y no volver a asomarnos al mundo, ¡y estaríamos bien si el problema fuera realmente externo! ¿A quién engañamos?

El verdadero problema reside en nuestro interior. Nunca es externo, sino interno. Santiago dijo: «**Cada uno es tentado cuando sus propios deseos lo arrastran y seducen. Luego, cuando el deseo ha concebido, da a luz el pecado; y el pecado, una vez cometido, engendra la muerte**» (Santiago 1:14-15).

La Ley de la Atracción es Real: *¡Nuestros Corazones Son Imanes!*

Cuando tienes un corazón para Jesús, toda clase de cosas buenas llegan a tu vida. Cuando cultivas una vida de oración, se te presentan oportunidades de intimidad con Dios. Cuando amas al Rey de Reyes, ¡se te revelan aspectos de quién es Él! ¡Lo que hay en tu corazón y en tu mente es lo que recibirás!

Ahora bien, también es cierto lo negativo. ¡Nuestros corazones son como imanes! Atraemos lo que hay en nosotros. Si la lujuria controla nuestros corazones, entonces la lujuria es lo que encontraremos. Si la avaricia está en nuestros corazones, entonces la avaricia o las oportunidades para ser avariciosos se sentirán atraídos hacia nosotros.

¡No puedes obtener lo que no eres! Es imposible creer en algo y recibir lo opuesto a lo que crees.

El Corazón Invita

¡Todo lo que deseas, lo consigues! Podríamos debatir si Dalila era malvada y la usó como obstáculo para que el gran Sansón cayera, pero, por alguna razón, no creo que fuera así.

Creo que Sansón, impulsado por su ego, su lujuria y su ansia de poder, obtuvo lo que realmente quería. Cuanto más lo veía como un desafío a su ego, más regresaba Dalila. Dalila permanecía allí porque Sansón la quería. Él solo satisfacía su verdadero deseo: alimentar su lujuria.

A Dalila le apareció a Sansón cuatro veces antes de que él perdiera el temor del Señor y revelara el secreto de su gran fuerza. No es que Dalila fuera más fuerte; fue por la falta de contrición y humildad de Sansón hacia Jehová Dios.

Cuando la humildad se desvaneció, el orgullo surgió como un tsunami. Fue entonces cuando Sansón cayó en manos de los filisteos. Reflexiona sobre esta verdad. Neh'enah.

43

¡Soldados Bajo Mando! - Parte 3

Entonces ella le dijo: «¿Cómo puedes decir: "Te amo", si tu corazón no está conmigo? Me has engañado tres veces y no me has revelado dónde reside tu gran fuerza». Y sucedió que, como ella lo atormentaba día tras día con sus palabras y lo presionaba hasta la desesperación, él le confesó todo su corazón y le dijo: «Jamás ha pasado navaja por mi cabeza, porque he sido nazareo de Dios desde el vientre de mi madre. Si me rapan, mi fuerza me abandonará, me debilitaré y seré como cualquier otro hombre». (Jueces 16:15-17)

Las Consecuencias del Orgullo y la Rebeldía Contra el Espíritu de Dios

Finalmente, Sansón reveló el secreto de su gran poder y abrió su corazón a una mujer que, sin duda, tenía intenciones egoístas, si no malvadas.

Una vez que el Señor te elige como suyo, tu vida jamás volverá a ser la misma. Dios nunca te permitirá salirte con la tuya. Puedes intentarlo, pero no llegarás lejos. Los hombres y las mujeres bajo el mando del Señor son personas especiales a sus ojos. Son muy favorecidos, por así decirlo.

Persistir en la rebeldía contra el Señor y su Espíritu nunca es bueno; de hecho, la rebeldía terminará por costarnos todo. Nos arrebatará todo lo que Dios había planeado para nuestro destino.

Aquí hay algunas cosas que uno se perderá si persiste en la rebeldía:

La pérdida de fuerza. Sansón fue rápidamente atado y hecho prisionero. Sus acciones le habían arrebatado la libertad que una vez había tenido. Siguió haciendo las cosas a su manera hasta que esa misma actitud le costó todo lo valioso.

La pérdida de la vista. Una vez encadenado, cautivo de los filisteos, le sacaron los ojos. ¡Le arrebataron la capacidad de ver la luz! Nada es más trascendental para un hombre de Dios que perder su visión espiritual. ¡La capacidad de ver la luz se había esfumado! Esto es muy doloroso. Y finalmente,

La pérdida de influencia. Sansón se había convertido en una figura muy conocida en su época. La gente lo conocía y lo respetaba. Era alguien importante para la comunidad y para Israel en su conjunto; pero ahora, Sansón había perdido su nombre, su reputación y su posición ante Dios.

¡Qué Manera de Terminar Una Vida!

Al concluir estas líneas, quiero animarte a levantarte de las cenizas del desaliento y, en el nombre de Jesús, recordar el propósito y el destino que tienes en el Señor. Una cosa es verse envuelto en una batalla por rebelión, y otra muy distinta es luchar por la justicia. El Espíritu de Dios también te lo revelará. Medita en ello. Neh'enah.

44

¡Agradecido Por El Cambio!

"En el segundo mes del segundo año de su llegada a la casa de Dios en Jerusalén, Zorobabel hijo de Salatiel, Josué hijo de Josadac, y el resto de sus hermanos, los sacerdotes y los levitas, junto con todos los que habían regresado del cautiverio a Jerusalén, comenzaron la obra y designaron a los levitas de veinte años en adelante para supervisar la obra del templo del Señor. Entonces Josué con sus hijos y hermanos, Cadmil con sus hijos, y los hijos de Judá, se unieron para supervisar a los que trabajaban en la casa de Dios: los hijos de Henadad con sus hijos y sus hermanos los levitas. Cuando los constructores pusieron los cimientos del templo del Señor, los sacerdotes, vestidos con sus vestiduras, tocaron las trompetas, y los levitas, hijos de Asaf, tocaron los címbalos para alabar al Señor, según la ordenanza de David, rey de Israel. Y cantaron alabanzas y dieron gracias a Dios. al SEÑOR:
"Porque Él es bueno,
Porque su misericordia es eterna para con Israel.

Entonces todo el pueblo gritó con gran júbilo, alabando al SEÑOR, porque se habían echado los cimientos del templo del SEÑOR. Pero muchos de los sacerdotes, levitas y jefes de las familias, ancianos que habían visto el primer templo, lloraron a gritos cuando se echaron los cimientos de este templo ante sus ojos. Sin embargo, muchos gritaron de alegría, de modo que el pueblo no pudo distinguir el ruido de los gritos de júbilo del ruido del llanto, porque el pueblo gritaba con gran júbilo, y el sonido se oía a lo lejos. (Esdras 3:8-13)

Estaba meditando en las palabras del libro de Esdras y descubrí una sabiduría muy poderosa y necesaria. Con esa intención, hoy quiero compartirla contigo para que también puedas fortalecerte y comprender cómo

Dios guía y diseña el cambio en nuestras vidas.

Una Vieja Mentalidad

Cada vez que leo sobre la restauración del templo de Jerusalén y sus murallas, comprendo mejor la mentalidad de quienes vivieron la transformación del antiguo templo en el nuevo.

La reconstrucción fue un gran logro. Zorobabel y su equipo de trabajadores (los que habían salido del cautiverio) se habían dedicado a reconstruir el templo. ¡Qué época tan emocionante!

Existía un fuerte deseo de trabajar y reconstruir, y bajo un liderazgo adecuado, se colocaron los cimientos. Esto propició la llegada del grupo de alabanza para celebrar la obra realizada. Fue, sin duda, un momento para celebrar un nuevo comienzo.

Lo que me intriga es cómo algunas personas se entusiasman enormemente con las posibilidades y el potencial de un sueño, mientras que otras no. Este nuevo grupo de constructores estaba tan entusiasmado que alabó y cantó al Señor por haber completado el primer paso en la reconstrucción del glorioso templo de Dios.

No Tan Rápido ...

Al parecer, algunos de los que ayudaban en la reconstrucción habían visto el antiguo templo antes de su destrucción. ¿Te lo imaginas? No les gustó nada el nuevo.

«Pero muchos de los sacerdotes, levitas y jefes de las familias, ancianos que habían visto el primer templo, lloraron a gritos cuando se pusieron los cimientos de este templo ante sus ojos».

Uno podría haber esperado que estos ancianos saltaran de alegría al colocar los cimientos, ¡pero no! Comenzaron a llorar. ¿Por qué? Creo que empezaron a comparar lo antiguo con lo nuevo. Esta es la regla número uno: nunca te compares con tu pasado. ¡Todos debemos ser conscientes y centrarnos en el progreso de la obra de Dios en nosotros!

Esto es precisamente lo que sucede hoy en nuestro caminar con Jesús. El Señor comienza una obra en nuestras vidas y, como no coincide con nuestra teología favorita, creada por nosotros mismos, ni con nuestras experiencias pasadas, ¡abortamos la nueva obra que Dios está haciendo! Hay algo profundo en esto.

¿Por qué no reconocemos las nuevas obras de Dios? ¿Por qué es tan difícil liberarnos de la tradición, el ritualismo y el espíritu religioso en nuestras vidas?

Nuestra Actitud Ante el Cambio

Nuestra actitud ante el cambio será muy reveladora, ya que todo nuestro ser experimentará algún tipo de impacto al tener que adaptarnos a este cambio.

Podemos sentir alegría, tristeza, enojo, confusión o entusiasmo ante esta nueva oportunidad de transformación.

Cuando estamos demasiado involucrados en una situación, tendemos a no comprenderla realmente. Estamos demasiado cerca y necesitamos alejarnos un poco para ver todo lo que Dios está haciendo. Una vez que cambiamos nuestra perspectiva y entendemos dónde estamos y qué estamos observando, apreciaremos profundamente la gracia y el plan de Dios.

¡Por Qué el Miedo ha Paralizado al Soñador!

Nada obstaculiza tanto la obra del Señor en la vida de un creyente como el miedo. El miedo es un fruto de la carne y puede paralizar fácilmente a cualquiera que lo escuche. El miedo te hace centrarte en ti mismo, no en Dios; te hace centrarte en tus posesiones, no en lo que Dios puede proveer; te hace escuchar la negatividad en lugar de la promesa de Dios en el Espíritu. En última instancia, el miedo te persuadirá a seguir un plan que puede robarte tu destino en Dios.

Para concluir estas notas, reflexiona sobre tus caminos, tu visión —el depósito del llamado que Dios te ha dado— y protégela con todas tus fuerzas. **«Oh Timoteo, guarda el depósito que se te ha confiado».** (1 Timoteo 6:20) También, **"Guarda el buen tesoro que se te ha confiado, con la ayuda del Espíritu Santo que mora en nosotros."** (2 Timoteo 1:14) Neh'enah.

45

¡Desencadenado y Libre Para Ser Transformado!

«Porque el que ha muerto ha sido justificado del pecado. Y si morimos con Cristo, creemos que también viviremos con él, sabiendo que Cristo, habiendo resucitado de entre los muertos, ya no muere. La muerte ya no tiene dominio sobre él. Porque al morir, murió al pecado una vez para siempre; pero al vivir, vive para Dios. Así también vosotros, consideraos muertos al pecado, pero vivos para Dios en Cristo Jesús, nuestro Señor.» (Romanos 6:11-17)

El milagro del nuevo nacimiento debe ser una de las experiencias más liberadoras que una persona puede vivir en esta vida. Cuando un hombre está atado por las cadenas de la carne, el mundo y las mentiras del diablo, vive lejos del propósito y destino que Dios tiene para él o ella. De hecho, no hay nada que un hombre pueda hacer (por sí mismo) para cambiar su situación, ¡ya que nació condenado!

Escuchen esta declaración del apóstol Juan en 1 Juan 3:8: «**El Hijo de Dios se manifestó para esto: para deshacer las obras del diablo**». ¿Les llena de esperanza este pasaje? ¿Comprenden la promesa, el poder y el propósito de estas palabras? Jesús vino a destruir todo lo que el diablo ha desatado sobre la humanidad desde la caída de Adán. Vino a liberar a la humanidad para que pudiera llegar a ser todo lo que Dios quiso que fuera y tuviera.

Libertad En Cristo

Sin la sangre purificadora de Jesús, que nos libera del pecado, y la reconciliación con Dios, el ser humano está condenado a una eternidad sin Cristo. Solo la sangre de Jesús puede reconciliarte con Dios Padre y otorgarte su favor. Una vez reconciliado, tu libertad se manifiesta de muchas maneras. Permíteme compartirte algunos ejemplos de cómo se logra esta reconciliación:

- Mente. Nuestra mente, antes dañada, indiferente y opuesta a la de Dios, es lo primero en tocar la sangre de Jesús. Comprender que no tenemos el poder de cambiar por nosotros mismos es el verdadero comienzo de la sabiduría. Una vez que una persona lo entiende y se da cuenta de que, sin la guía de Dios en su vida, está perdida, Dios puede iniciar una obra transformadora. Al reconocer ante Dios que, como seres humanos, no podemos cambiar nuestra vida por nuestro propio poder y al aceptarlo en nuestro corazón como el nuevo guía interior, experimentaremos un despertar.

- Corazón. Nuestro corazón alberga todas nuestras emociones. Fue creado originalmente para sentir y experimentar las emociones de Dios. Un corazón consumido por el egoísmo solo puede herir y ser herido. Una vez que el corazón ha sido purificado por la sangre de Jesús, experimentará el asombroso e infinito amor de Dios. Es esta emoción, junto con una mente renovada, la que impulsa a la persona a expresar una adoración y un servicio sinceros a Dios.

- Manos y pies. Una vez que tu mente se renueva y tu corazón se llena del amor de Dios, surgirá el deseo de hacer lo mismo por los demás. La obediencia se vuelve posible al buscar cumplir la voluntad de Dios. De hecho, servir a Jesús no solo es un desafío saludable, sino también un requisito. Para mantenerte libre del pecado, debes perseverar y seguir la voluntad de Dios. Ignorar los deseos que Dios te ha dado y que ahora arden en tu corazón es condenarte al fracaso.

Recuerden, hemos sido liberados por el poder de la sangre de Jesús; ¡libres para amar y servir al Rey de reyes! Resucitados de una vida de corrupción y pecado, ahora estamos vivos para perseguir todo lo que Dios ha preparado para nosotros. Neh'enah.

46

¡Demasiado de Mi!

«Por tanto, examínese cada uno a sí mismo, y entonces coma del pan y beba de la copa.» (1 Corintios 11:28)

Cuando llega el momento de la comunión, o como otros la llaman, la Cena del Señor, en tu iglesia generalmente se presentan los elementos y se explica el significado del vino y del pan. Después de que el pastor ora sobre los elementos, la mayoría de las personas se acercan al altar para participar de ellos. Este suele ser un momento de profunda reflexión espiritual.

Creo que participar en la Cena del Señor diariamente es una buena práctica. Un tiempo regular para examinar y escudriñar el corazón —en mi humilde opinión— suele ser beneficioso, no solo una vez al mes.

¡Tiempo de Examen!

Algo que he notado sobre las personas religiosas en nuestras iglesias, sí, el fariseo moderno —seguro que lo conoces—, es que se sientan en los bancos de la iglesia, sin ninguna intención de salir de la barca con la valentía de caminar sobre el agua. Siempre se apresuran a juzgar la condición espiritual de los demás, ¡pero nunca la suya! ¿Te has topado con personas así? Si no, ¡pronto te toparás con ellas!

Pablo dijo: **«Pero que cada uno se examine a sí mismo.»**. Para empezar, ¿qué significa la palabra «examinar»? La palabra «examinar» proviene del verbo «observar». Se usa tanto para una persona como para un objeto. Examinar, entonces, significa «poner a prueba», «ser fiable» o «digno de confianza». También se refiere a una persona que ha sido puesta a prueba, importante, reconocida, estimada o valiosa. Además, significa «probado para ver si es valioso».

El proceso de examinar el corazón comienza con nuestra disposición para que el Espíritu Santo obre en nosotros con delicadeza. Debemos permitirle que recorra los rincones de nuestro corazón y que examine si hay algo en nosotros que no sea digno, fiable o valioso.

¡Nada Empezó a Suceder en Mí Hasta que Dejé de Mentirme a Mí Mismo!

Una vez escuché a un hombre decir esto, y lo cito textualmente: *«Nada empezó a cambiar en mí hasta que dejé de mentirme a mí mismo».*

Mucha gente conoce la voluntad personal de Dios hacia nosotros. Dios no nos ha ocultado su voluntad perfecta; de hecho, la reveló hace muchos años. El verdadero problema es que no hemos aceptado su voluntad en nuestras vidas. Cuando se trata de fe, sacrificio o dar un paso al frente, tendemos a ignorarla. Nos hemos convencido de que podemos vivir perfectamente sin la voluntad perfecta de Dios. No comparto esto para que alguien esté de acuerdo o en desacuerdo; simplemente hago una observación general.

Dios le ha dado a su creación el poder de heredar la tierra; por lo tanto, el hombre no se alinea con el propósito de Dios.

Esta es mi conclusión al respecto: Dios habla al corazón del hombre. Él revela su voluntad. El hombre debe seguir el mandato de Dios y cumplirlo. ¿Por qué no lo hacemos? ¿Qué nos detiene? ¿Las circunstancias? ¿Las situaciones? ¿El momento? El problema principal es que demasiado de nosotros mismos, demasiado de lo que queremos [no de lo que Dios quiere], bloquea el fluir de lo que Dios se propone hacer en nosotros y a través de nosotros
.

Hasta que seamos capaces de reconocernos a nosotros mismos y examinar cuidadosamente nuestros corazones, solo entonces podremos avanzar en la misión que Dios nos ha encomendado. Neh'enah.

47

¿Olvidaste Lo Que Pediste en Oración?

**«Nuestro Dios vendrá y no callará.
Un fuego devorará delante de él,
y a su alrededor habrá gran tempestad.»** (Salmo 50:3)

Con frecuencia me encuentro con creyentes y siervos del Señor que enfrentan numerosas pruebas y tribulaciones en sus vidas. «¿Cómo puede ser esto?», preguntan. «¿Por qué me suceden todas estas cosas en tan poco tiempo?». «¡Estoy pasando por un infierno y no entiendo por qué!».

Si llevas tiempo involucrado en la fe cristiana, probablemente te hayas topado con siervos bienintencionados, fieles y humildes que han sido puestos a prueba más allá de toda prueba. A veces, no hay palabras de aliento que ofrecerles; lo único que puedes hacer es orar por su situación y pedirle a Dios que les ayude a perseverar.

Es Una Respuesta Divina.

Esto es algo que he aprendido a lo largo de los años en mi caminar con Jesús. Como no todos responden igual a Dios ni todos tienen oídos para escuchar lo que el Espíritu dice, quienes sí los tienen a menudo se enfrentan a una avalancha de pruebas.

Cuando un creyente inmaduro ve a un creyente más maduro atravesar una crisis, suele confundirse ante las dificultades que este último enfrenta. Le pregunta: "¿Por qué estás pasando por esto? ¿Acaso no conoces a Dios?", "¿Creí que ya lo tenías todo bajo control?", y así sucesivamente.

Lo que el creyente inmaduro no comprende es que un día madurará; y será entonces, en ese momento, cuando experimentará su propia prueba y quebrantamiento. Los creyentes inmaduros no se enfrentan a la prueba de Dios hasta que Él sabe que están preparados para soportarla.

Pero, volviendo a tu propia prueba, muchas de las crisis y luchas que enfrentan los creyentes maduros están relacionadas con la respuesta del Señor. Verás, puede ser que después de muchos días, semanas o incluso años, el creyente haya orado a Dios, diciendo: «¡Jesús, quiero conocerte más profundamente!» o «¡Señor, permíteme experimentar la comunión de tus sufrimientos!» o «¡Quiero más de tu fuego en mí!». Tu prueba, tu crisis, tu adversidad: ¡todo es una respuesta a tu sincera oración por más de Jesús en ti! ¿Entiendes esto?

¡Hay Tempestad a Su Alrededor!

En el Salmo 50:3, la Palabra describe una tormenta que rodea al Señor. Es natural que si te acercas a Él, primero tengas que enfrentar la tormenta. ¿Tiene sentido para ti? Sinceramente oro para que sí.

Verás, un hombre o una mujer de Dios que desea más de la naturaleza de Jesús en sí mismo solo lo logrará al unirse al Señor. ¡Hay que entrar en el Señor para ser como el Señor: en mente, en pensamiento, en naturaleza, en mentalidad, ¡en sabiduría y en todas las cosas!

¿Qué es Una Tempestad?

En hebreo, una tempestad significa *algo turbulento o tormentoso*. Al acercarte a Su corazón, experimentarás Su fuego, Su turbulencia y todo se tornará muy tormentoso. Así sabrás que te estás acercando a Su corazón.

La próxima vez que invoques al Señor y le presentes tu petición, espera que te responda. Cuando le pidas que te acerque, anticipa fuego y experiencias tumultuosas. No porque Dios intente destruirte; ¡simplemente te está atrayendo más cerca de Su corazón! Neh'enah.

48

¡Desiertos! Parte 1

"Yo te cuidé en el desierto, en la tierra de sequía." (Oseas 13:5)

Todos los creyentes que he conocido durante mi breve caminar en el reino de Dios pueden testificar que atravesar experiencias difíciles es parte de caminar con Dios.

En las Escrituras, los desiertos casi siempre simbolizan un tiempo de quebrantamiento y humildad: un período de prueba y desafíos personales, especialmente en el carácter.

Aunque entendemos que los desiertos son parte de vivir en el reino de Dios, también debemos preguntarnos: "¿Por qué estoy en un desierto?".

Esto es lo que creo que el Señor me reveló la semana pasada acerca de los desiertos:

El Señor me mostró tres razones para los desiertos en nuestras vidas. Algunos desiertos vienen por desobediencia; otros, por nuestra hambre y sed de Dios; y, finalmente, algunos desiertos ocurren como parte de la preparación que Dios nos está dando.

Quiero analizar esto con más detalle.

El Desierto de la Desobediencia

«Maldito el hombre que confía en el hombre,
y hace de la carne su fortaleza,
cuyo corazón se aparta del Señor.

**Será como un arbusto en el desierto,
y no verá cuando llegue el bien,
sino que habitará en lugares áridos del desierto,
en tierra salada y deshabitada.»** (Jeremías 17:5, 6)

La desobediencia comienza cuando hacemos de nuestra "carne nuestra fuerza". En el instante en que empezamos a confiar en la carne, nuestro corazón se aparta del Señor. El resultado es que terminamos como un arbusto en el desierto. Viviremos en lugares áridos y desolados, en tierra salada e inhabitada.

A menudo, cuando nosotros, como hijos de Dios, atravesamos experiencias desérticas, tendemos a no querer asumir la responsabilidad de lo que nos sucede. Rápidamente buscamos maneras de escapar culpando a otros, a nuestras circunstancias o a otros factores.

Incluso hay algunos hermanos y hermanas que hacen un débil intento por expulsar espíritus y demonios de los "rebeldes". La Escritura dice: "**Dios hace que los solitarios vivan en familias; libera a los cautivos; pero los rebeldes habitan en tierra seca**" (Salmo 68:6).

Los rebeldes permanecen en tierra seca porque allí es donde está su corazón: seco. ¡Y esa es una elección!

Para concluir esta primera parte de tu meditación, identifica todo aquello en tu vida que sabes que es desobediencia a la voz de Dios. Una vez que lo reconozcas, arrepiéntete. Evita culpar a otros por tu mala suerte, tus desgracias y tus contratiempos.

Si te encuentras en un desierto, comienza por examinar tu corazón; si no hay pecado en ti, reconocerás que Dios está obrando en tu vida. Si hay pecado, entonces necesitas arrepentirte y regresar a una tierra llena de bendiciones. Neh'enah.

49

¡Desiertos! Parte 2

"Entonces Jesús fue llevado por el Espíritu al desierto para ser tentado por el diablo." (Mateo 4:1)

Desiertos para aquellos que se preparan para el servicio

Aunque muchas situaciones nos llevan a lugares áridos y desérticos por desobedecer la voz de Dios, no todas las experiencias difíciles se deben a la desobediencia. Como mencioné en mi última publicación, a veces Dios nos lleva a tiempos difíciles precisamente por nuestra obediencia.

Entiendo que muchos creyentes en el cuerpo de Cristo hoy no se sienten cómodos con temas como el arrepentimiento, el quebrantamiento y la sumisión a Dios; sin embargo, es esencial aceptarlos. Es crucial que aprendamos a vivir en todo lo que Dios, con su gracia, ha preparado para nosotros.

Ahora, retomemos el tema anterior...

He aquí un hecho interesante que ocurrió en la vida del Hijo de Dios, en la vida de Jesucristo mismo.

Las Escrituras dicen que Jesús mismo fue guiado por el Espíritu al desierto. Al leer esta historia, podríamos cuestionarla un poco. Las Escrituras afirman que el Espíritu guio a Jesús al desierto. ¡No fue idea de Cristo ir al desierto; fue el plan de Dios! ¿Ves esto?

A veces, nuestra obediencia nos exige adentrarnos en la soledad para ser purificados y transformados. ¡Las lecciones aprendidas en una experiencia tan dura son incomparables! No creo que nadie lo pida voluntariamente, pero Dios lo ve desde su perspectiva.

No creo que Dios lleve a sus siervos a la soledad sin saber que son plenamente capaces de superarla. A menudo, el Señor los guía a la soledad para ponerlos a prueba, prepararlos y capacitarlos para el ministerio.

Pruebas Únicas Ocurren en la Naturaleza

A menudo, en mis momentos de quietud, he pensado: «Jesús podría haber sido puesto a prueba por el Padre en otro lugar o en otro entorno. ¡Podría haberlo hecho, pero no lo hizo! ¡Eligió un desierto, un paraje inhóspito!».

Queridos amigos, ¿se preguntan por qué?

Aquí está mi respuesta: Porque en una experiencia como la del desierto, no encuentras nada material a lo que aferrarte. No hay amigos, ni aparatos ni artilugios, ni nada emocional a lo que aferrarte; por eso. ¡Solo estás tú y Dios!

Una prueba en el desierto, figurativamente hablando, te «exprimirá hasta la última gota». Te impulsará a indagar en lo más profundo de tu ser en busca de significado. Tu resolución será puesta a prueba. ¿Perseverarás? ¿Te cansarás?

Creo que nada te pondrá a prueba de forma más exhaustiva y profunda que pasar tiempo de calidad en el desierto donde Dios te ha puesto.

Recuerden, fue el Espíritu quien guio a Jesús al desierto para ser puesto a prueba, ¡no el diablo! Neh'enah.

50

¡Desiertos! Parte 3

Salmo de David en el desierto de Judá.

«Oh Dios, tú eres mi Dios;
Desde temprano te buscaré;
Mi alma tiene sed de ti;
Mi carne te anhela
en tierra seca y árida,
donde no hay agua.
Por eso te he buscado en el santuario,
para ver tu poder y tu gloria.» (Salmo 63:1-2)

Desiertos Para Aquellos Que Tienen Hambre y Sed de Más de Dios

En esta tercera parte de mi breve serie sobre los desiertos, quiero destacar la experiencia que vivió David, el hombre de Dios.

Después de que Absalón, hijo de David, se rebeló contra su padre, David y sus hombres huyeron de Jerusalén y tomaron el camino de Jericó, atravesando el norte del desierto de Judá. Fue allí donde David dio a conocer su oración.

De esta revelación podemos aprender un par de cosas: Primero, que cuando enfrentamos presión, tendemos a preocuparnos en lugar de adorar; tendemos a huir en lugar de descansar, y tendemos a intentarlo en lugar de confiar. Cuando las fuerzas externas abruman nuestras vidas, terminamos por alejarnos de la presencia de Dios.

Lo segundo que podemos aprender es que los desiertos pueden provocar nos mucha sed. Ya sea una experiencia natural o espiritual, los desiertos tendrán ese efecto en nosotros.

Creo que a menudo Dios trae cosas o circunstancias a nuestra vida para sacarnos de nuestra zona de confort. Es necesario. Cuando las cosas empiezan a cambiar a nuestro alrededor, necesitamos actuar y resolver el problema. No importa lo difícil o lo fácil que sea, debemos afrontarlo.

Cuando nos encontramos ante una experiencia similar a la del desierto, haremos una de dos cosas: quejarnos y lamentarnos de la adversidad o abrir nuestros corazones al Espíritu Santo y decir: «¡Dame más de Jesús!». Neh'enah.

51

¡Dueño de Un Corazón Testarudo!

«Pero mi pueblo no escuchó mi voz, e Israel no me quiso».
Así que los entregué a su propio corazón obstinado, para que siguieran sus propios consejos.

¡Ojalá mi pueblo me escuchara, si Israel anduviera en mis caminos! Pronto someteré a sus enemigos y volveré mi mano contra sus adversarios».» (Salmo 81:11-14)

Cuando un siervo del Señor profundiza su relación con Él, comienza a comprender lo que Él espera de él y lo que no desea.

Los siervos de Dios, aquellos que buscan una relación más cercana con Él, siempre anhelan el corazón del Padre. ¡Es natural en ellos desear todo lo que Dios tiene para ellos!

Al mismo tiempo, tenemos siervos que actúan de manera diferente, más transigente. Toman un poco de lo que quieren y un poco de lo que Dios realmente desea. A estos queridos siervos es a quienes quiero que presten atención: aquellos que no se desprenden de las pequeñas distracciones que dañan su viña.

Jehová Dios tenía una enorme cantidad de seguidores, probablemente más de dos millones de niños hebreos, que siguieron a Moisés fuera de Egipto. Algunos lo seguían sinceramente, otros por conveniencia y otros con un corazón ambiguo.

Ahora bien, comprendan que el llamado a la santidad es un llamado que dice: «¡Dios es lo primero y su Espíritu Santo debe examinar primero todo lo que quiero o deseo!». Cuando Dios aprueba algo en tu vida, puedes seguir adelante. Estos son momentos maravillosos para experimentar la bendición de Dios. Sin embargo, hay otras ocasiones en que Dios no lo aprueba y te lo hace saber a través de su Espíritu Santo.

El Verdadero Desafío Comienza Aquí.

La verdadera prueba para todo creyente comienza cuando Dios le dice «no» en cualquier asunto. ¿Obedeceremos o nos rebelaremos? ¡La decisión es nuestra!

Si uno comprende por qué Dios dice «no», entonces esa persona vivirá en la quebrantación espiritual. Si persiste en su terquedad con Dios, llegará un momento en que Dios le permitirá salirse con la suya. Dios lo entregará a sus propios deseos. En esencia, Dios está diciendo: «Si quieres tu juguete, puedes tenerlo, ¡pero al final te costará caro!».

Es Como Escalar Una Montaña

Cuando un hombre decide hacer lo que le plazca sin importarle Dios, comienza una ardua tarea para vivir su vida ante Él.

Todo se convertirá en un desafío. Las cosas ya no te resultarán fáciles. Casi sentirás que Dios ya no trabaja contigo, sino en tu contra. El esfuerzo emocional de convencerte de que «Dios sigue contigo» te agotará.

Cada desgracia que te ocurra parecerá una conspiración para destruirte. Es una horrible sensación de hundimiento. Nada cambiará hasta que te des cuenta de que has sido obstinado contra el Espíritu Santo.

Dios Someterá a Tus Enemigos

Si vives en rebeldía contra el Espíritu Santo, el enemigo tiene todo el dere cho de levantarse contra ti. Si no hay pecado en tu vida, entonces es evidente que el enemigo intenta derribarte. En este punto, puedes reprender y liberarte de las mentiras y estrategias que el diablo ha urdido contra ti. Pero primero, examina tu corazón para ver si estás caminando bajo la autoridad y guía de Dios.

Si todo está bien entre tú y Dios, entonces regocíjate en el Señor, porque **«el Dios de paz pronto aplastará a Satanás bajo vuestros pies»** (Romanos 16:20). Neh'enah.

52

¿Estás Listo Para Un Ascenso?

"Además, se requiere de los administradores que cada uno sea hallado fiel." (1 Corintios 4:2)

Mientras meditaba en este versículo, el Espíritu Santo comenzó a compartir conmigo su sentir sobre el ascenso y las oportunidades futuras.

¿Acaso sorprende que algunas personas siempre tengan las mejores oportunidades en la vida, mientras que otras parecen no tener ninguna? ¿Existe una razón real para esto? ¡Quizás haya una explicación científica!

No estoy seguro de si existe una razón real o una explicación científica, pero esto es lo que sé: si uno es fiel o demuestra ser fiel con lo que tiene a su alcance, los ascensos no tardarán en llegar. ¡De esto estoy seguro!

Cuando se presente una oportunidad en tu vida, recuerda siempre que es una oportunidad para expresarte y aprovecharla al máximo; una oportunidad no se trata de lo que la puerta abierta puede hacer por ti, sino de lo que hará en ti.

Así pues, aquí hay algunas cosas que se nos transmiten para demostrar nuestra fidelidad:

Fidelidad en la instrucción. A menudo recibimos instrucción, ya sea en el trabajo o en la vida, e inmediatamente se nos pone a prueba. La verdadera cuestión reside en si ponemos en práctica lo que se nos ha enseñado, mostrado o con lo que se nos ha desafiado. Si demostramos ser buenos administradores de la instrucción, recibiremos más.

Fiel a la Responsabilidad. Cuando pienso en responsabilidad, siempre recuerdo a mi antiguo jefe en uno de mis trabajos seculares. Recuerdo esta lección como si fuera ayer, pero para ser exactos, han pasado más de treinta años.

En ese trabajo, parecía que siempre me elegían a mí para hacer o gestionar las cosas. Mi jefe solía preferirme a mí antes que, a mis compañeros, y sinceramente, nunca supe por qué.

Un día, uno de mis compañeros me dijo: "¿Por qué te hacen trabajar tanto? No es justo. ¡No dejes que te hagan esto!". "Si yo fuera tú", añadió, "me quejaría a la central de que te están explotando y pagando muy poco". Esto me hizo reflexionar, ¡pero no era una buena idea!

Me di cuenta de que me estaba volviendo un poco rebelde con la autoridad y desafiando el protocolo en el trabajo. Un día, finalmente lo hice. Mi jefe me llamó para una tarea especial y le respondí: "¿Soy el único que trabaja aquí?". Lo dije con mala actitud. Mi jefe me llamó a su oficina y me dijo: "David, ¿estás pagando un coche? ¿Una hipoteca?". A lo que respondí: "¡Por supuesto!". Entonces mi jefe sugirió: "Bueno, si tienes deudas, te sugiero que hagas lo que se te dice aquí en el trabajo... a menos que quieras quedarte sin empleo". No hace falta ser un genio para entender estas palabras. Respondí: "¡Sí, señor!".

Después de aclarar las cosas con mi jefe, salí de la oficina con una fuerte sensación de culpa. ¡Me sentía fatal! Además, estaba confundido sobre por qué estaba actuando así. Amo a Dios, ¡pero un pensamiento que no venía de Él se había metido en mi cabeza! Venía de alguien que no conoce ni sigue los caminos de Dios. Permití que influyera en mi corazón y mi mente.

Al llegar a casa esa tarde, dediqué un tiempo a la oración. Me arrepentí de mis acciones, palabras y actitud. Le pedí perdón a Dios por cómo había actuado, y Él escuchó mi clamor desde su monte santo y me limpió con su preciosa sangre. Le dije al Señor que quería ser un siervo fiel con mi vida, no un obstáculo para nadie. Sé que Dios me escuchó.

Al día siguiente, me disculpé con mi jefe y le dije: «¡Nunca volverás a ver a ese viejo David rebelde!». Mi jefe me respondió: «Te he estado vigilando. Te estoy preparando para un ascenso. ¡Por eso siempre te estoy molestando!».

Amigo mío, mantente fiel dondequiera que Dios te haya puesto. Puede que no disfrutes lo que enfrentes cada día, pero recuerda que Dios te ha elegido para compartir su sufrimiento. Si te mantienes fiel, ¡estarás en camino a la grandeza! Neh'enah.

Para Ordenar Mas Libros
Escritos Por David Mayorga,
Favor de Visitar La Pagina:

www.shabarpublications.com

www.ingramcontent.com/pod-product-compliance
Lightning Source LLC
Chambersburg PA
CBHW030242010526
44107CB00030B/1307/J